蟻さんの熊野紀行Ⅱ

新大辺路を行く

（田辺～串本～新宮・雲取越え編）

赤木越え（写真上）と大門坂（写真下）

まえがき

本書は、『蟻さんの熊野紀行Ⅰ　紀伊路《きいじ》・中辺路《なかへち》を行く』の続編である。堺より歩き始めて、熊野本宮大社に無事到達した「蟻さん」は、今度は海沿いの道である「大辺路《おおへち》」歩きに挑戦した。田辺より歩行を開始し、そして約半年あまりで新宮の熊野速玉大社に詣でることができた。さらに、雲取越えを試みたが、熊野那智大社にお参りし、一泊二日で熊野本宮大社に詣でることができた。ということで、本書は田辺より「大辺路」を経由して熊野三山巡りを果たした「蟻さん」の、古道を歩く喜びを記したものである。したがって、「蟻さん」が歩いたのは、おおざっぱにいって、田辺、本宮、新宮を結んだ線より南部の道と思っていただければわかりやすいだろう。

内容的には『蟻さんの熊野紀行Ⅰ』と同様に紀行文的随想といえるが、『蟻さんの熊野紀行Ⅱ』の本書では、宿泊情報を入れるなどガイドブック的要素も取り入れたものとなっている。というのも、「大辺路」全路に関する案内書はほとんど刊行されておらず、普通そのような類の本は手に取り目にする機会はないからである。

ところで、「大辺路」とは、本来、田辺～周参見～串本～古座～紀伊勝浦を経て那智（浜ノ宮王子）に至る道を指す。厳密にいえば、那智～新宮間は「中辺路」にあたる。熊野本宮大社に参詣後、熊野川を川下りして新宮の熊野速玉大社に達した後、那智まで歩き、熊野那智大社に詣で、雲取越えを行い再び本宮に戻る、これが公式ルートであり、これらは中辺路に属する道である。となると、本書では、題名は『新大辺路を行く』というものの、実際には「大辺路」と「中辺路」が混在していることになる。

「大辺路」においては、旧街道の面影を残している所もあるものの、線としての連続性は、国道などにより分断・消滅させられているのが現状であろう。しかし、「蟻さん」はそんなことにおかまいなく、とにかく舗装道であろうが新道であろうが、田辺から那智を通って新宮へと歩いたわけで、「蟻さん」流にその道を現代に魅力ある道として再認識し、「新大辺路」と名付けたものである。

さらに、「蟻さん」なりに〈新大辺路四十八選〉や〈新大辺路十三景〉を考えてみたので、読者の方々には、これらをもとに、雄大な枯木灘・熊野灘を眺める海沿いの道を楽しんでいただきたいと願っている。

目次

〔表紙写真　枯木灘海岸〕

〔裏表紙写真　那智の滝・河内祭り・西浜の海面〕

熊野古道図
田辺～新宮・那智～本宮
（大辺路・雲取越え）
京都へ
堺
（前回出発地）
高野山
小辺路
紀伊路
伊勢路
中辺路
熊野本宮大社
熊野速玉大社
本宮
（目的地）
新宮
田辺
（出発地）
（今回の経路）
那智
大辺路
熊野那智大社

新大辺路四十八選

御灯祭りで男たちは、この鳥居の下を駆け抜ける（神倉神社）

【第一番】闘鶏《とうけい》神社

（第一章54ページ）

（田辺市湊）

社伝では允恭《いんぎょう》天皇八年（四一九）の創建。古くは新熊野《いまくまの》鶏合大権現と称し、中世熊野三山の別当格的格式を供え、熊野詣での盛んな頃、その中継地としておおいに栄えた。明治維新後に闘鶏神社と改名されたが、『平家物語』等によれば、源平合戦の屋島決戦に際し去就に迷った熊野別当湛増《たんぞう》が神社の境内で紅白の鶏たちを闘わせ、結局赤の鶏が全敗したので、白側つまり源氏方に味方することを決意したという話に由来している。七月二十四、五日が例大祭で、田辺祭として、笠鉾《かさほこ》巡行や流《や》鏑馬《ぶさめ》の奉納がある。

境内には湛増と弁慶の像がある

板塀に囲まれた社殿

【第二番】 大潟《おおがた》神社

（第一章59ページ）

（田辺市新庄町）

もと「＊若一《にゃくいち》王子社」で江戸時代の元禄の頃には新庄村に祀られていたとの記録がある（『紀南郷導記』）。今では、新庄町の氏神さまとなっている。「潟」の名のように、昔は海辺近くにあったようだ。「天照大神」が主神。

＊若一王子社―若王子に同じ。熊野十二所権現の一つ。

古道は神社の右手を通っている

【第三番】 朝来《あっそ》道標

（第一章55ページ）

（上富田町朝来）

明治三十一年（一八九八）建立で、「右大辺路　左中へち」と刻されている。もとは朝来駅付近にあったが、現在は国道四二号線と旧国道三一一号線の交差点にある。

お地蔵さんの右に道標

【第四番】櫟原《いちはら》神社

（第一章59ページ）
（上富田町朝来）

主祭神は「建美《たけみ》名方命《なかたのみこと》」。旧諏訪神社・梅田神社・厳島神社・岩崎神社の四社を合祀して櫟原神社という。本殿は流れ造り、拝殿は入母屋造り。

裏山からの眺めはすばらしい

【第五番】平間《ひらま》神社

（第一章60ページ）
（白浜町十九淵《つづらぶち》）

主祭神は、「天佐具女《あめのさぐめの》（売）命《みこと》」。桃山時代文禄二年（一五九三）創建。国道改良工事により、昭和五十八年に現地に新たに造営された。

神社のそばを国道が通っている

【第六番】日《にち》神社

（第一章61ページ）
（白浜町十九淵）

祭神は「天照大神」。本殿（県文化財）江戸後期の文政七年に建立された春日造り。日神社の創始は仁安二年（一一六七）と伝えられている。近世中期から末期には大社として注目されていた。日神社は富田郷の産土《うぶすな》神でもあり、かつては神社に接して海門寺があった。宝永四年（一七〇七）十月四日の津波の様子を記した「津波警告板」も残されている。

神社の前を富田川が流れている

【第七番】草堂《そうどう》寺

（第二章65ページ）
（白浜町富田）

臨済宗東福寺派に属するが、同派とすれば県下で最高位にある。山号は南昌山、虎関師錬の開山。長沢蘆雪《ろせつ》の描いた多数の絵画を所蔵することから、別名蘆雪寺とも呼ばれる。蘆雪は、円《まる》山応挙《やまおうきょ》の高弟で、江戸時代後期の絵師。天明七年（一七八六）から翌年にかけて同寺に滞在し多くの作品を残した。

障壁画七十一面・紙本墨画群猿図一双は国の重要文化財となっている。

蘆雪については、**【第二十一番】無量寺**にも関連記載あり。

石段を上れば山門へ

【第八番】安居《あご》辻松峠の地蔵（第二章69ページ）

（白浜町・日置川町境）

安居辻松峠は、白浜町と日置《ひき》川町の境界にあたる峠である。そこに祀られている美しい舟形光背の石製地蔵立像（九六センチ）である。その台石部の正面には「安居村」と刻されている。なお、この地蔵の右手には、昭和十八年（一九四三）の大火事で犠牲になった松の大きな焼倒木が今も横たわっている。

地蔵のそばに焼倒木

【第九番】三ヶ川《みかがわ》の庚申塔《こうしんとう》（第二章71ページ）

（日置川町安居）

安居辻松峠から三ヶ川バス停へのほぼ中間地点、三ヶ川沿いの道の山裾にある。高さ約一メートルの石積みの平坦地に、「庚申」と刻された高さ八十五センチの文字塔がある。同所には、石囲いや庚申立像や地蔵立像などが祀られている。

ひっそりした雰囲気が漂う

【第十番】入谷《いりたに》の不動尊

（第三章84ページ）

（すさみ町太間川）

入谷集落の仏坂入口から二〇分ほど上った所にある不動尊。台座には「文久二戌三月」とある（文久二年は一八六二年で江戸時代幕末にあたる）。なお、不動尊像は台座より新しく「願主周参見浦、明治三十八年六月吉日」と彫られている。

新大辺路ただ一つの不動尊

【第十一番】周参見《すさみ》王子神社

（第三章85ページ）

（すさみ町周参見）

『紀伊続風土記《しょくふどき》』に「若一王子権現社」とあり、熊野から勧請された神社で、天文十五年（一五四六）に周参見領主が建立している。ここには青銅製十一面観音像御正体《みしょうだい》（懸仏《かけぼとけ》）が祀られている。神社境内に「すさみ町民俗資料館」があり、神社の奉納絵馬が五十点余り奉納されている。約六割は海上安全を祈願する船絵馬となっている。

＊御正体―御神体のこと。

＊懸仏―銅板や鉄板に仏像を鋳て、柱や壁などにかけて礼拝したもの

新大辺路田辺から最初の「王子」

【第十二番】和深川《わぶかがわ》王子神社（第四章91ページ）

（すさみ町和深川）

和深川集落のほぼ中央に位置し、寛永二年（一六二五）松本四郎大夫広正によって創建されている。御神体は室町期以前と思われる懸仏が三体完全なかたちで保存されている。社叢も樹種多く、古い森林形態を残す神社林に囲まれている。なお、境内には弘化三年（一八四六）の石灯篭や弘化四年の石造手水鉢がある。長井坂入口はここより近い。

古くから村人を守っている

【第十三番】茶屋の段道標（第四章94ページ）

（すさみ町見老津）

地上高さ六十六センチで、「みぎハやまみち」「ひだりハくまのみち」と刻されている。

見老津側からの長井坂がここより本格的に始まる

【第十四番】 春日神社

（第四章97ページ）

（すさみ町江住）

江須崎は狭い水路で陸地と隔てられた小島（陸繋島）で、周囲約三キロである。その島内に春日神社（江須崎神社とも）が鎮座する。祭神は天児屋根《あめのこやねの》命《みこと》。全島がハマカズラ・ビャクシン・ウバメガシ・シイなどが繁茂する暖地性植物群落（国の天然記念物）である。

『紀伊続風土記』には、江住・見老津の氏神として「春日明神社」の名で出ている。

うっそうとした杜に囲まれている

【第十五番】 大平見地蔵

（第五章101ページ）

（すさみ町里野）

地蔵立像二体が祀られている。向かって左の地蔵には「明治十二年、中平見磯部三四郎建」とさらに「右那智山」と刻されている。

車の行き交う国道そばに祀られている

【第十六番】木ノ本神社（第五章101ページ）

（串本町和深）

慶長年間に、この神社の灯りが、遭難した船を陸地に導いたとの言い伝えがあり、創建の古さを物語っている。戦前は出征の前、無事帰還を祈りに和歌山県内から人々が訪れたという。祭神はいくさの神としての「素盞嗚《すさのおの》尊《みこと》」である。（筆者による近隣の方からの聴き取り）

社殿に向かって左には枯木灘が広がっている

【第十七番】安指《あだし》平見一里塚跡（第五章102ページ）

（串本町和深）

安指平見の集落内にある。そばに地蔵が祀られている。和歌山の「札の辻」と呼ばれる分岐点を基点としている。

石垣と樹木が目印

【第十八番】貝岡道標（第五章105ページ）

（串本町有田）

高さ約八十五センチの角石柱で、「左いせみち」「右やまミち」とある。また「文久二壬戌年　施主若山　為森藤三郎」とも刻されている。

古道は道標に向かって右の道

【第十九番】富《ふ》二《じ》橋《ばし》神社（第六章112ページ）

（串本町鬮《くじ》野《の》川《かわ》）

主祭神は、「誉《ほん》田《だ》別《わけ》命《のみこと》」（応神天皇）。江戸時代には八幡宮といわれ、崇敬されていた。明治の神仏分離の際、八幡神社とした。明治四十二年（一九〇九）神社合祀で社名を、当時の村名をとって富二橋神社とした。

古さを忍ばせるたたずまい

【第二十番】鬮《くじ》野《の》川の辻地蔵（第六章112ページ）

（串本町鬮野川）

「左ハ若山道」「右ハ在所道」とある。

日あたりよくて、日なたぼっこのお二人

【第二十一番】無量寺《むりょうじ》

（第五章107ページ）

（串本町串本）

臨済宗東福寺派の古刹。初めは山を越えた袋港の高台にあったが、宝永四年（一七〇七）の大津波で流失し、天明六年（一七八六）に本山から派遣された僧愚海が、現在地に再建した。

再建のおり、愚海は、親交の厚かった円山応挙に障壁画の製作を依頼した。応挙は来ることができず、代わりに弟子の長沢蘆雪に襖絵などを持参させた。蘆雪はこの時、南紀に長く滞在し、無量寺をはじめとして草堂寺や古座の成就寺などで名作を残した。現在境内には「串本応挙芦雪館」という美術館がある。

山門を入って右手に「芦雪館」

本　堂

【第二十二番】天満神社

（第六章114ページ）

（古座町姫）

菅原道真の神霊を現社地後方の「本の宮」と称する所で奉祀されてあったのを起源としている。創建は七百年以上前といわれている。明治十三年（一八八〇）熊野《くまの》坐《にます》神社摂社に列している。『紀伊続風土記』には、「天神社、村の乾《いぬい》山手にあり。一村の産土神なり。」とある。乾とは戌（いぬ）と亥（ゐ）の方角の間、北西を指す。

立派な大楠

【第二十三番】古座神社

（第六章117ページ）

（古座町古座）

祭神は、「応神天皇・素盞嗚尊」。江戸時代の記には若宮八幡または八幡宮とあるが、大正の末期に正式に河内神社・住吉神社を合祀し、名称を古座神社とされた。今でも土地の人は八幡さまと呼んでいる。神社内の住吉社殿は春日造りで室町期の作と伝えられている。

河内祭りの時にはにぎわう

【第二十四番】宇佐八幡宮 （第六章118ページ）

（古座町津荷《つが》）

祭神は「応神天皇」。『紀伊続風土記』には、宇佐八幡宮と出ている。なお、同書によれば、津荷の名の由来は、村中に樛《つが》の大木があったことによる。

一月二日には「おまと」が行われる。射手三人で「ユミヤココロエトー」とかけ声で念じる。裃《かみしも》を着け古来の作法が伝わっている。

線路の向こうに社殿が見える
（向かって左が古座駅方面）

【第二十五番】木の葉神社 （第六章119ページ）

（古座町田原）

毎年十二月一日に行われる〝ねんねこ祭り〟で有名。神社の守り神である神功《じんぐう》皇后が皇子（のちの応神天皇）を、この地で生み、大切に育てたという言い伝えがあり、昔から乳幼児の守り神として近隣からの信仰を集めている。

紀伊田原駅のすぐそば

【第二十六番】堂道《どうみち》地蔵の道標（第七章126ページ）

（古座町田原）

国道四二号線の堂道橋のそばにある。「右ハくまのみち　左ハざいごみち」とあり、台座には「施主　下田原浦茂八」の銘がある。

車がビュンビュン通っていく道ばたにある

【第二十七番】口熊野奥熊野境界址（第七章129ページ）

（古座町・那智勝浦町境）

昭和二年に建立された。今は那智勝浦町と古座町の境に建てられている。花崗岩質の碑は高さ一八〇センチあまりもある。

左下はＪＲ紀勢本線。向こうに町境表示が見える

【第二十八番】地蔵道標（庄池）（第七章134ページ）

（那智勝浦町庄）

高さ四十六センチで、「右ハ山みち左ハ大へち」と刻されていて、下方には「施主おみつ」ともある。

山の中の静かな庄池

かわいらしい姿の道案内

【第二十九番】弘法大師像と地蔵（第七章136ページ）

（那智勝浦町庄）

大泰寺と大原神社の間の山裾にある。高さ四三センチの弘法大師像と地蔵尊が祀られている。『紀南郷導記』には「弘法の作の薬師あり。」とあるが、詳しくは不明。

右手、木のために地蔵はかくれている

【第三十番】　大泰寺《だいたいじ》

（第七章137ページ）

（那智勝浦町下和田）

臨済宗妙心寺派に属し、山号は定光山。境内には本堂・薬師堂などの堂宇がある。木造阿弥陀如来坐像は国の重要文化財。また境内のシイの老樹は、樹齢五〇〇年以上とされる大木で県の天然記念物。

薬　師　堂

【第三十一番】　諏訪《すわ》神社

（第七章137ページ）

（那智勝浦町下和田）

祭神は、「建御名方神《たけみなかたのかみ》」。磐座《いわくら》崇拝の古い祭祀形態をとどめる神社。明治四十四年（一九一一）神社制度改正により、市屋鎮座太田神社に合併されたが、昭和二十九年旧宮地に遷宮された。

神社のそばを太田川が流れている

【第三十二番】　太田神社（諏訪神社）

（第七章137ページ）

（那智勝浦町市屋）

祭神は、「橘諸兄《たちばなのもろえ》、大日霊命《おうひるめのみこと》」。元禄元年（一六八八）の創建。文化十三年（一八一六）再建の棟札がある。もと梅田神社と称した。明治四十四年（一九一一）に太田神社となる。

これより市屋峠へと古道は進む

【第三十三番】　加寿《かす》地蔵

（第八章151ページ）

（那智勝浦町湯川・朝日境）

銘に「弘化二年　願主玉置定八」とある。弘化二年は一八四五年。境界にあたる駿田《するだ》峠に祀られている。

古道は峠を越えて那智をめざす

【第三十四番】 天満天神社 （第八章151ページ）

（那智勝浦町天満）

そば近くをＪＲ紀勢本線が通る

天満集落のほぼ中央にある。神殿は三殿あり、上の御前に主神「菅原道真」と金山彦《かなやまびこ》神他二神を、中の御前に「大《おお》国主命《くにぬしのみこと》・事代主命《ことしろぬしのみこと》」を、下の御前に「八幡大神」をそれぞれ祀っている。熊野那智大社の末社になる。

【第三十五番】 浜の宮王子神社 （第八章152ページ）

（那智勝浦町浜ノ宮）

明るい感じの「王子」に出会える

一般的には「浜の宮」の名で呼ばれているが、浜の宮大神《おおみわ》社、熊野三所大神社ともいう。『平家物語』には、「浜の宮と申す所の王子の御前より」とあるので古い神社であるが、社殿は慶安元年（一六四八）の再建である。社殿に向かって左に補陀洛山寺がある。

【第三十六番】浜田の巡礼道標（第八章153ページ）

（那智勝浦町浜ノ宮）

一四〇センチの高さのある道標で、「右志ゆんれい道」と刻されている（志ゆんれい＝巡礼）。宝暦四年（一七五四）、*六十六部の*廻国修行をした地元の太田元助が願主となって建立した。この道標のそばには天保七年（一八三六）の六字名号碑もある。

*六十六部―全国六十六か所の霊場に、一部ずつ納めて回るために書写した六十六部の法華経。またはそれを納めて回る行脚僧。

*廻国―諸国を回って歩くこと。廻国巡礼の略。

JR紀勢本線の線路脇にある

【第三十七番】防州人の墓碑（第八章154ページ）

（那智勝浦町宇久井）

小狗子峠付近に建てられている。「防州吉敷郡大海浦新作」と刻されている。近くには「但馬国出石郡南尾村南吉度墓」と側面に刻された但馬人の墓碑もある。

小狗子峠の墓碑

【第三十八番】高《こう》津《づ》気《け》の道標（第八章154ページ）

（那智勝浦町宇久井）

JR小狗子トンネルと宇久井駅のほぼ中間地点の踏切そばに、「右高津気左那智道」と刻されている。

ぽんと置いてある？

【第三十九番】佐野王子跡

（第八章157ページ）

（新宮市佐野）

佐野は、かつては佐野の松原で知られ歌枕になっている所である。現在、佐野王子跡は国道四二号線沿いにあり、一段上がって台地になった所に自然石の跡碑が建っている。この碑を真ん中にして、南側には「神武天皇聖蹟狭野顕彰碑があり、北側には「*尼将軍の宝篋《ほうきょう》印塔」と石仏がある。

＊尼将軍―源頼朝の妻、北条政子のこと。

今では松原はなくなっている

【第四十番】新道道標

（第八章158ページ）

（新宮市三輪崎）

明治十七年（一八八四）に建てられたよく目立つ円柱の道標で、「左新街道」と刻されている。

高野坂三輪崎入口近くの海沿いにある。

円柱の道標は珍しい

【第四十一番】 金光稲荷神社 （第八章158ページ）

（新宮市三輪崎）

高野《こうや》坂の三輪崎入口からすぐの所にある。神武天皇が眺望を楽しんだことから「おな神の森」と呼ばれている。赤い鳥居がよく目立っている。東側の海は、御手洗《みたらい》海岸。

東には熊野灘が広がっている

【第四十二番】 六字名号碑二基 （第八章159ページ）

（新宮市新宮）

二基とも、正面に「南無阿弥陀仏」と刻されており、それぞれ貞享二年（一六八五）三年の建立である。そばには寛文十二年（一六七二）に建てられた地蔵も祀られている。

ここからは王子ヶ浜が一望できる

【第四十三番】広角《ひろつの》一里塚跡（第八章159ページ）（新宮市新宮）

高野坂の王子ヶ浜入口と南谷墓地の間に位置する。元文二年（一七三七）に藩では、土塚の上に印木《しるぎ》として、松などを植えるように指導し、旅人が休憩できるようにしたという。なお、基点は和歌山の札の辻になる。

今もよくその姿を残している

【第四十四番】南谷《みなみだに》墓地（第八章159ページ）（新宮市新宮）

三輪崎の北三キロに南北に長く伸びている墓地で、大逆事件にまきこまれ犠牲となった医師大石誠之助や、戦後生まれとして初めて芥川賞を受賞した中上健次《なかがみけんじ》が眠っている。そばには自然石の顕彰碑も建っている（大石の墓碑の「大石誠之助之墓」の文字は堺利彦の筆で、右側面には「明治四十四年一月廿四日」と死刑の日が刻まれている）。

健次の墓

一九九二年死去（享年四十六歳）

健次の墓は写真の右上の方向

【第四十五番】浜王子神社（浜王子）

（第八章別ルート163ページ）

（新宮市王子町）

王子ヶ浜より100メートルほど入る

祭神は、神武天皇の兄、「稲飯命《いなひのみこと》」と「三毛入野命」である。この二神は海神の怒りを鎮めるため海中に身を投じたと『日本書紀』は語っている。社格も高く、現在の大浜の森の海浜地も社領であったという。

【第四十六番】阿須賀《あすか》神社

（第八章別ルート163ページ）

（新宮市阿須賀）

蓬莱山ふもとに鎮座

飛鳥神社とも書く。創建年代は明らかではないが、社歴は古い。「熊野速玉大神・熊野夫須美神・家津美御子《けつみみこ》神」の三神を祀り、もとは速玉大社の摂社で、大社の神職によって兼務されていた。社殿背後の蓬莱《ほうらい》山は、阿須賀神社の御神体山でいわゆる神南備《かむなび》（神の鎮座する山や森）に属する。また徐福が不老長寿の薬草を採取したとも伝えられている。

【第四十七番】神倉《かみくら》神社

（第八章160ページ）
（新宮市新宮）

熊野速玉大社の境外摂社で、神倉山にある参道は急勾配で石段が五三八段も続く。ここは『古事記』『日本書紀』に出てくる「天《あめの》磐盾《いわたて》」の山にあたるといわれている。『記紀』によると、この時、高倉下《たかくらじ》命は神武天皇に神剣をささげた。この後、天皇は神剣をたずさえ、天照大神のつかわした八《や》咫烏《たがらす》の道案内で軍を大和地方に向け平定したという。したがって祭神は、「天照大神」と「高倉下命」である。

山上の巨岩〝ごとびき岩〟の根元からは祭祀用具などがたくさん出土していて、原始的巨岩崇拝の遺跡となっている。毎年二月六日に行われる御《お》灯祭《とうまつり》は、勇壮な火祭りで、県の無形民俗文化財に指定されていて、また全国的にも有名な祭りである。

御灯祭りで男たちはこの石段を駆け下りる

ごとびき岩からは新宮市街地が眺望できる

【第四十八番】熊野速玉大社（第八章159ページ）

（新宮市新宮）

ＪＲ新宮駅の北西約一キロ、市街北端を流れる熊野川河口近くにある。本宮、那智とともに熊野三山の一社で、別名、熊野新宮。また熊野権現とも称し、昭和二十一年の制度改革の際、正式名を熊野速玉大社と改めた。

祭神は、「熊野速玉大神（伊弉諾尊《いざなぎのみこと》）」「熊野夫須美大神（伊弉冉尊《いざなみのみこと》）」「家津美御子神（素盞嗚尊）」など十二神。

参道への鳥居

大鳥居をくぐると、右に「神宝館」、左手には、根元周囲約六メートル、高さ約二十メートルの推定樹齢約千年の日本一の「梛《なぎ》」の巨木があり、国の天然記念物となっている（古神宝類九七九点は国宝の指定を受けている）。

なお、「熊野速玉祭」として毎年十月十五日に神《しん》馬渡御《めとぎょ》式が、十六日には御船《みふね》祭が行われる。

奥は熊野速玉大社本殿、左に天然記念物のナギの巨木

【第二景】　安居《あご》の渡し場跡付近

（すさみ町安居）

川が山峡を流れている
広い河原には
白い小さな石コロがいっぱい
青い水がさらさらとゆるやかに
これが日置《ひき》川
そしてここが昔の渡し場
白い霧がかかってきた
おーい　安居の船方さんよ
仏坂入口まで
ひとつたのんます
迷いつつ行くこの旅人を

（第三章80ページ）

【第三景】 稲積島《いなづみ》と弁財天鳥居

（すさみ町周参見）

それにしてもまあ
あの朱の鳥居
海の青
島の緑に
なんとまあ
映えること
思わず手を合わしたくなる
ほんにまあ
あの朱の鳥居
ちがう世界への入口のよう
ほんにまあ
周参見《すさみ》の海は
神さんが守っていらっしゃる

（第四章90ページ）

【第四景】 西浜

（すさみ町口和深）

ついに潮騒をまともに聞いた
海のそばの道
潮風に吹かれる道
これが大辺路
海の色は
千変万化
うち寄せるごとに違ってる
沖の船は進んでいるやらいないやら
さあ海にすこしの暇乞い
和深《わぶか》川の王子社へと
また道は山に入る

（第四章91ページ）

【第五景】 長井坂からの枯《かれ》木《き》灘《なだ》

（すさみ町和深川）

ああ木々の向こうに海がある
ああこれが枯木灘
それにしても
今日は天気がいい
落ち葉敷く
長井坂のこの道
海は見飽きることがない
ああ海が青い
ああこれが太平洋の青なのか
古来この坂を通る旅人は
この大海原をいかに見た

（第四章94ページ）

【第六景】　江須崎

（すさみ町江住）

なるほどこれが
地理用語でいう
陸繋島《りくけいとう》
ふーんこれが
音に聞く
江須崎
ほんとだ
渡れる渡れる
こんな小さな橋で
向こうの島までひとまたぎ
磯観察の親子がいた
親子の歓声が海にひびく
旅人は春日神社の杜に入る

（第四章97ページ）

【第七景】　ＪＲ田子《たこ》駅からの潮岬

（串本町田子）

ここは無人駅
ちょっと小高くなっていて
見晴らしよさそう
水平線を目で追うと
なにやら青黒く突き出たものがある
ひょっとしてあれが潮岬
おおっー　いよいよここまで来たかと
はるかな道を思い出し
しばし感動
そのうちに串本方面から
列車の到着
しばらくの時の間《ま》
プラットホームには旅人が一人

（第五章103ページ）

海の二つの島が双島。その向こうに潮岬

【第八景】 橋杭岩《はしぐい》

（串本町橋杭）

ここは海沿いの
国道四二号線
向かいは
九龍島《くろ》に鯛島
と、目を右に転じると
不規則な鋸《のこぎり》のギザギザが
一直線に海に突き出ている
そのまま行けば
大島まで橋が架かろうというもの
あれが〝橋杭群島〟
大島との仲をとりもっている
ややっ？
動いた 〝群島〟が海に向かってる
あっ
あれはゴジラの背びれ！

（第六章115ページ）

古道は橋杭岩の手前を山中に入る

【第九景】　古座川河口と九龍《くろ》島

（古座町古座）

二つの島が近くに見え出した
あれが九龍島と鯛島
島が右手近くに見えたころ
古座川河口に旅人の姿
遠くの山々から流れ出た
古座川
海に入ってなおも流れて
二つの島に山の贈りものをとどける
おかげで島のまわりは
おびただしい数の魚、魚、魚
おやっ
クジラも来ているぞ
おやっ
クジラも来ているぞ
古座の浜が活気づく

（第六章117ページ）

橋の向こうに九龍島。その向こうは大島（この撮影場所からは、鯛島は九龍島に隠れて見えない）

【第十景】 与根河池《よねご》

（那智勝浦町市屋）

市屋峠を越えて古道を下ると
ハイキングコースが現れた
おおこんな山の中に池が
ここは自然の園地
それなのに人影も見えず
人声も聞こえてこない
静かな冬の池だ
夏の人々の歓声
それを呑み込んでしまったのだろうか
深緑をたたえた池は
そ知らぬ顔で静まっていた
そして旅人は先を急ぐ

（第七章138ページ）

【第十一景】　ゆかし潟

（那智勝浦町湯川）

青い水の周りを古道は巡る
旅人は水を見ながら歩く
穏やかな水面は風景を映し
あくまでも深く青く澄んでいる
えっ！　これが海の水？
海を離れ
山に囲まれこもっている
ひっそりと山の中で
海とはちがった面もちで
旅人の訪れを待っている
黙ってひたすら待っている
「ゆかし潟」にさざ波が立った

（第七章140ページ）

【第十二景】　王子川と鉄橋

（新宮市佐野）

海がある
新国道がある
旧国道の小さな橋が
忘れられたように架かっている
続いてＪＲ紀勢本線
その鉄橋を二輛編成の列車が行く
ガタゴトガタゴト
そしてその下には
昔と変わらず王子川
川べりの木々が風にそよいでいる

（第八章157ページ）

【第十三景】 王子ヶ浜

（新宮市王子町）

王子ヶ浜を歩く
ひたすら歩く
熊野灘からの潮風が
容赦なく吹きつける古道歩き
長い長い王子ヶ浜
旅人の足跡は消えて
ただ波だけが打ち寄せる
王子ヶ浜を歩く
古人のたどった跡を歩く
王子ヶ浜を歩く
旅人は黙々と歩く

（第八章162ページ）

浜王子神社に向かう

特別風景

那智の滝の一

底つ岩根つきつらぬきて
普陀落や奈落もくだけ
那智の大滝

（天田愚庵）

＊「文学に見える南紀・熊野路⑦」（第六章123ページ）に愚庵の文章あり。

飛瀧《ひろう》神社より滝壺付近を撮影

特別風景

那智の滝の二

高さ133メートル、幅13メートル、滝壺の深さ10メートルに及ぶ日本一の名瀑

とどろとどろ落ち来る滝をあふぎつつこころ寒くなりにけるかも

（若山牧水）

＊「文学に見える南紀・熊野路⑭」（第九章188ページ）に牧水の文章あり。

一　いよいよ大辺路に挑戦した私

田辺《たなべ》から富田《とんだ》へ

—ひたすら舗装道を行く道—

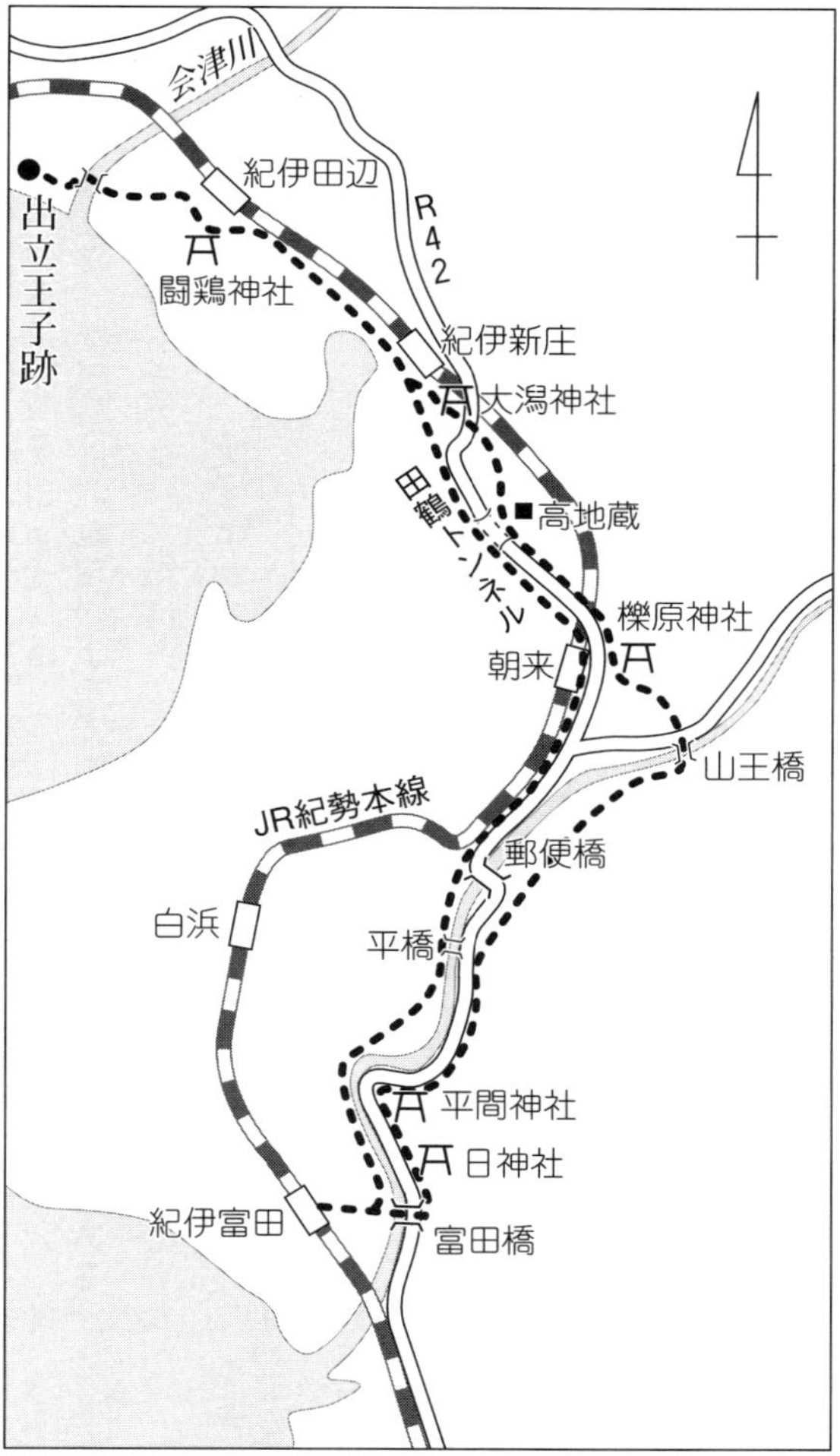

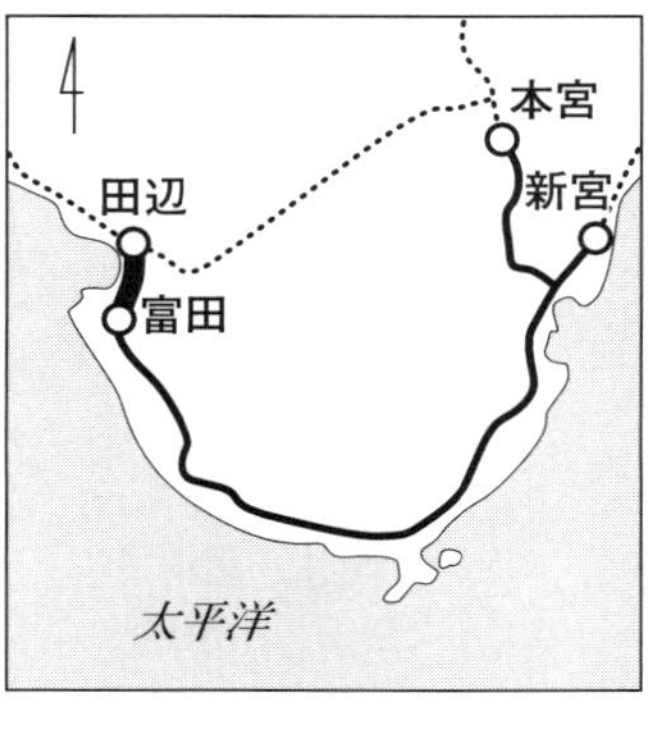

【歩いた日】

二〇〇一年九月二日（日）

曇りのち雨

紀伊田辺行き普通列車が特急待ちのため停車している。ここはJR紀伊宮原駅である。藤白《ふじしろ》神社からこの宮原までが、私の記念すべき第一回目の古道歩きのコースであった。あのときは、車を藤白神社の駐車場に置いて、宮原まで歩き、紀勢本線に乗車し、海南駅を経て藤白神社に戻ったわけだが、古道歩きで利用した初めての駅がこの宮原駅であった。

空はどんよりと曇っていた。雨も昼から降ってきそうな気もするが、たぶん今日一日は涼しい日になるようにも思われた。この列車に乗車するのは今年の一月以来実に久しぶりのことである。私はいつものように、三国ヶ丘駅から紀州路快速に乗り、和歌山駅で八時三十五分発の紀伊田辺行きに乗り換えていた。そしていつものように、缶コーヒーとスポーツ新聞を買ったうえで先頭車両に乗り込んでいた。

私の場合、どうも出かける直前というのは慌ただしいせいであろうか、何となく気だるい感じがして、さあやるぞという張りきった気分になれないままで出発することが往々にしてある。とくに今回は古道歩きから遠ざかっていたためか、今日もそのような気持ちを強く抱いて七時前に自宅を出ていたが、ここ宮原まで来ると精神的にもだいぶエンジンもかかり、来てよかったなあと思い始めていた。久しぶりのウォーキングを楽しもうという気分がやっと沸々《ふつふつ》とわいてきているようであった。

今回の予定は、田辺から、富田坂の手前の富田集落までとしていた（富田集落は富田川河口に近く、最寄りのＪＲ駅は紀伊富田駅である）。山道などなく、おそらくすべて舗装道路であることが予想される。はっきりいっておもしろくない道で、熊野古道関係のどの案内書にも紹介されていない道である。国道四二号線を車に注意しながら歩くことになるだろう。ところで、私がこれから歩こうとしているのは、熊野古道のなかで「大辺路《おおへち》」（又はおおへじ）と呼ばれている道である。田辺から山中に入る「中辺路《なかへち》」とは違って、海岸沿いに紀伊半島を巡って串本・那智・新宮へと続く道である。『南紀熊野21協議会情報紙「くまの」平成13年秋号』の特集として大辺路がとりあげられていたが、そのなかに次のような記載がある。

中辺路ルートの整備が昭和50年代から進められてきたのに対して、大辺路はつい最近まで「忘れられた古道」として注目を集めることはなかった。転機になったのは、平成11年に開かれた南紀熊野体験博。大辺路のうち、歩きやすい富田坂（白浜町）や長井坂（すさみ町）が一般に紹介され、優れた景観が多くの人を引きつけた。

大辺路は、今ではルートがはっきりしない区間も多い。和歌山県は平成11年に新宮市・東牟婁郡、平成13年に田辺市・西牟婁郡の調査報告書をまとめ、整備に向けた基礎資料を整えた。

大辺路の調査に携わった紀南文化財研究会の杉中浩一郎会長は「熊野三山の公式参拝ルートだった中辺路と同様に、大辺路の文化的な価値は高い」と評価している。

大辺路のうち、古（いにしえ）の道が残っているのはほとんどが峠道だが、今のところ富田坂、長井坂、高野坂（新宮市）を除くと、進入路や分岐点が分かりにくかったり、道が荒れていたりする場所が多い。案内看板の設置や一般向けウォーク・マップの作成もこれからだ。

そういったなかで、来春までに歩けるようにと関係者が努力しているのが、日置川安居（あご）からすさみ町太間川に至る「仏坂」。日置川を川舟で渡した「安居の渡し」をどうするかが課題になっており、代替ルートが検討されている。

このように、これから私が歩こうとしている大辺路は、古道らしい雰囲気の残る道はわずかである。紀伊路の場合もとくに大阪府内では古道らしくない道が多かったが、それでも「王子社（跡）」を訪ね、それを確かめることで古道を歩いているという気分があった。一方、大辺路では那智・新宮付近を除いて、その目標となる王子がほとんど存在していない。楽しみの少ない道ともいえるだろう。

古道歩きにおいて、古道の面影を残す道や古道のムード漂う道だけを選別して歩く方法もある。しかし、私はその方法はとらない。古道の趣きがあろうがなかろうが、とにかく、那智や新宮を目指したい。むろん最終到着点として「熊野本宮大社」は大きな目標である。私は舗装された国道を歩くのもまったく意に介さない。したがって、私がこれから歩く道は、古人が実際にたどった経路とはずいぶん違ったものになるかもしれないが、古人がどこをどう歩いたというよりは、古人の目指した那智・新宮・本宮に向かって私も進みたい。古道の雰囲気の残る道だけを選んで歩けば、道としての連続性が失われる。正確に古人の歩いた道を行く必要はない。大事なのは、どのような道であろうと自分の足ですべて歩いて「熊野本宮大社」に到達すること。これが「私の大辺路」歩きである。

十時二十三分、列車は終点のＪＲ紀伊田辺駅に着いた。私は腹ごしらえとばかりに駅構内の軽食堂でこぶそばを食べた。食堂を出て駅の出入口まで来ると、大福もちを売っていた。今年二月十八日と同じであった。そして、今回も三つ買って本日の昼食とした。

続いて駅前の観光案内センターに向かう。私が「こんにちは」と入り、大辺路の資料について尋ねると、年配の男性が立ち上がって応対してくださった。とくに地図等はないとのことであったが、私は大阪から古道を歩いていて、今日は富田橋や「草堂寺《そうどう》」まで歩くつもりだと告げると、ここからの道について詳しく説明してくださった。さらに、現在「田辺市立歴史民俗資料館」で大辺路に関する展示があるとのことで、行くことを勧められた。前述した『南紀熊野21協議会情報紙「くまの」平成13年秋号』もこのセンターでいただいたものであった。

このセンターにはほかに若い女性の係りの方もおられ、親切にも私を資料館まで案内してくださることになった。男性の方の取り計らいであったが、実に嬉しいことであった。その女性と、駅前からまっすぐに海に向かって歩いた。先ほどの男性はボランティアであって、ご自身も古道歩きを楽しんでおられるようで、熊野古道についてはよくご存知な方だそうだ。私はいい人とめぐり会えたと思った。

資料館は少しわかりにくい所にあった。資料館の前で、私はその女性にお礼を言って、どうぞセンターへお帰りくださいと言ったが、彼女も現在展示中のものについてはまだ見ていないとのことで、いっしょに入館した。何と驚いたことに九月二日、本日で終了とのことで、わたしはツイていたなと喜んだ。これもセンターの方のおかげである。

この資料館で、注目すべきものに出会えた。東・西牟婁郡振興局からそれぞれ発行されている二種類の『大辺路調査報告書』である。前述の『南紀熊野21協議会情報紙「くまの」平成13年秋号』の特集に記載されていたものである。残念ながらこの館では展示用のこの二冊しかなかったので、後日振興局に問い合わすことにした。

私にとって、喉《のど》から手が出るように欲している大辺路の情報を提供してくれるこの冊子に出会えたのは非常に幸運だった。私が他の本を見たり、いくつかメモをとっていると、センターの女性が「またいつでもセンターにお寄りください」と言われ、ていねいに別れの挨拶をしてくださった。私にとっては貴重なセンターであり、これからも田辺駅で降車することがあれば、その折には必ず寄ってみようと思った。「センターの方々、ほんとうにありがとうございました」

なお、二冊の『大辺路調査報告書』については、後日手に入れることができ、私の大辺路歩きの頼もしい水先案内人かつ道連れとなった。

私が資料館を出たのは十一時二十分であった。とりあえず西に向かって歩き、会津川に架かる会津橋を目指した。会津橋の近くに「出立王子跡《でだち》」があり、今回大辺路歩きの出発点をそこからにしたいと考えていた。「出立王子跡」には十一時三十九分に着いた。私の古道歩きにおいて、この地点が中辺路と大辺路の追分け、つまり分岐点となる。いよいよ私はここより、大辺路に向かうことになる。

王子跡からは、会津橋と二〇メートル離れて北側を並行に走る旧会津橋を渡る。右手海側を見ると海を隔てて向こうに白浜方面が見える。そして左手側にはまず、「高山寺《こうざん》」の小高い丘が近くに見え、ちょうどその下を特急「くろしお」が田辺駅の方に走っていった。はるか奥の方を望むと、高尾山や槇山《まき》がその姿を現している。橋を渡りきると、そのたもとに道標があって「左くまの

田辺の道分け石

道　右わか山道」と見える。

続いて栄町・北新町の商店街を歩く。北新町のはずれに「道分け石」があって、「左くまの道」（つまり中辺路ルート）「すくハ大へち」（まっすぐ行くと大辺路ルート）と刻されている。十二時には「蟻通《ありとおし》神社」にお参りした。立派な楠が印象的であった。

そのまま道なりに進んで行くと、田辺大通りに出て、「あおい書店」に立ち寄った。何か熊野古道に関する書物はないかと探したところ、『熊野道中記』（「みえ熊野の歴史と文化シリーズ」みえ熊野学研究会発行）があって購入した。この本は主に熊野古道の伊勢路の研究書であるので、後々役立つことになるだろう。

さて、弁慶ゆかりの「闘鶏《とうけい》神社」（新大辺路四十八選**【第一番】**。以下第○番とのみ表記）にお参りしたのが十二時二十分。そして県道三一号線を白浜方面に向かう。礫《つぶり》坂を上る頃から雨がぽつぽつときた。まだ傘をさすほどのことはない。さらに道をどんどん進む。十二時四十六分には、新庄駅の手前で左に入る道があった。今年の一月二十八日に潮見峠越えで通った道であった。紀伊新庄の駅前を通過した。この県道、歩いている人影はない。自転車の人は見かけるが、てくてくと道脇の歩道を行く人など見かけない。道の両側には自動車販売店や飲食店が立ち並び、用事のある人はみな車を使っている。実に照れくさい思いである。が、これも町なか歩きゆえのこととして諦めるよりほかない。

シェルパ斉藤氏が雑誌『ビーパル』に連載中の「行きあたりばっ旅」を思い出した。シェルパ斉藤氏は、何と耕耘機に乗って日本中を旅している人であるが、一般道を耕耘機で行くのは相当〝勇気〟のいることだそうだ。気持ちはとてもよく理解できる。しかし、斉藤氏のその恥ずかしさに比べたら、私の場合は一〇分の一か一〇〇分の一であろう。私はこのことを思うと元気づけられた。ただし、今、幸いにも雨が降ってきて傘で顔を隠すようにできるので、何となくほっとしている私でもあった。

道はゆるやかな上りとなって、国道四二号線との合流点である田鶴《たづ》口の交差点に着いた。ここからは四二号線を行くことになる。右に行けば白浜方面である。時計は十三時を回ったところだ。この先に田鶴トンネルがあることはわかっていたが、道幅が狭いと駅前の案内センターでも聞いていた。やがて道はぐんぐん上っていく。不安がよぎる。そしてついにトンネルの入口に着いた。「歩行者や自転車に注意」と看板があるが、見たところ歩道などはなく、非常に危険な感じがする。私は一瞬躊躇《ちゅうちょ》したが、トンネルはあまり長くもなさそうなので思いきって〝突入〟した。トンネルを出て振り返って見ると139メートルと書いてあった。何とか無事に通過できたが、このトンネルの手前にバス停があったので、バスに乗ったほうがいいだろう。私のように大辺路を歩こうと計画している人があれば、あまり人に勧めることはできそうもない。もし、私のように大辺路を歩こうと計画している人があれば、このトンネルの手前にバス停があったので、バスに乗ったほうがいいだろう。バスはJRと明光バスがあり、本数も多い。そして降車はJR朝来《あっそ》駅前が適当と思われる。トンネルを出てからも危ない箇所があるので、この間はぜひバス利用を勧めたい。

しばらく国道を下って行って、JR紀勢本線をまたぐ跨線橋を越えた（この橋も危険である）。右下にはJR朝来駅が見えている。約五分ほどで駅前を通過した。すぐに三叉路に出くわす。左は稲葉根王子方面で旧国道三一一号線である。この道の交わった所にやはり道標【第三番】があり、「右大辺路　左中へち」とある。実質上、ここからが本格的に大辺路ルートの開始といえるだろう。

この三叉路を過ぎると、徐々に道の両側から店などの建物がなくなって町から離れていくようだ。右手には紀勢本線が並行に走っている。やがて左手から国道三一一号線が合流してくる。その合流点である岩崎の交差点を過ぎると、歩道が途切れ途切れになっていく。ここまで来ると車も少なくなって、そのぶんスピードを増しているので、歩いている私とすれば気持ちのいいものではないが、この道を行かざるをえない。左手には富田川が流れていて、ちょうどその土手を行く具合だ。ツクツクボウシの声が聞こえてくる。これでそばを車が通っていなければ歩行としては最高なのだがどうしようもない。

十四時前にすれ違った人がいる。黒い袈裟《けさ》を身にまとったお坊さんだ。雨がそぼ降るこんな道を歩いているのは修行中なのだろう。熊野古道は今も巡礼の道であることを実感させられる風景であった。ちょうど道の反対側を歩いておられたので、声をかけることは憚《はばか》られたが、挨拶などはかえって失礼なのかもしれないと感じられた。

十四時四分に郵便橋のたもとに着いた。右に道をとれば白浜駅に出る。ここで四二号線はというと、左に曲がって郵便橋を渡り、富田川左岸の川沿いを走っている。私は橋を渡らずに富田川右岸の土手道を行った。案内センターの人からは、この郵便橋より下流域に向かうのは、四二号線でも右岸の道でもどちらでもよいと聞いていたが、車の通行量という点からして、私は迷わず、右岸の土手道を選択した。その土手道に入ってからは、ブンブン通る自動車に緊張を強いられてきた私だったが、やっとそれから解放され、景色を見ながら歩くことができた。

平　橋

前方を見ると、富田川に赤い橋（といっても錆がきて古びているが）が架かっている。こうして前を向いて歩いている間にもその橋を渡る車は見かけない。近くに国道があるというのにあまり利用されることもなく、ちょっとうち捨てられた橋のように思えた。雨で少し煙っていて何十年か前に引き戻されそうな風情である。土手の右下に養魚場を見て、私はその橋に十四時十八分に着いた。

私は、「平橋」と書かれている石柱の上に駅で買った大福もちを広げ、立ったままで食べた。ついでに案内センターでいただいた「田辺市観光ＭＡＰ」で現在位置の確認をした。この平橋は薄く細い一本線で表記されてあった。本日の歩行は富田橋付近までとしていたので、そこまでの所要時間を予想してみた。郵便橋と富田橋のほぼ真ん中に白鷺橋がある。この平橋は白鷺橋と郵便橋とのおよそ中間地点である。郵便橋と平橋間が一四分かかっている。ということは平橋より富田橋まで一四分の三倍の四二分。十五時頃に富田橋着の計算だ。道も平坦であるようだし、ほぼ計算通りに行けるだろう。そして富田橋あたりからは、田辺行きと白浜行きの二系統のバスがあるので、どちらかに乗り込めばいいのである。

それから私は思い出したようにメモ帳でたしかめた。ＪＲ紀伊富田駅発の列車時刻だ。十五時十三分の紀伊田辺行きがある。白浜駅着が十五時十七分。「くろしお」の白浜駅発が十五時三十五分。私は十五時十三分に乗れるのではないかと思った。富田橋から紀伊富田駅は近い。そのつもりで足を速めれば大丈夫だろう。もし、間に合わなかったらバスがあるので気は楽である。私はこのようなことを思いながら平橋をあとにした。

傘をさして歩いた。が、あまり激しい降りではないので助かる。平の集落あたりでは川からかなり離れた所を歩いていたが、そのうち道はまた川沿いとなる。このあたりから向こう岸への渡しがあったようだ。現代人からは考えられないことだが、その昔は川には橋がなく、大河を目の前にした旅人は、渡ることに精力を費やしたことだろう。いとも容易に橋を歩いて渡っているわれわれからは想像もつかないことである。もっともその際昔の人は水垢《みずご》離《り》ができたという利点はあるかもしれないが。

平橋から約三〇分で「天然記念物大うなぎ生息地」の石碑を通過した。中辺路歩きで、のごし橋から北郡《ほくそぎ》への川沿いの道で同じものを見かけたことを思い出した。そこから一〇分で富田橋に着いた。雨足は強くなっている。橋を渡らず右に県道三四号線を行く。駅は左手に見えるはずだと探しながら行くと一〇分弱で見つかった。駅に着く頃遮断機の音がしてきた。時計を見ると十五時七分。たしか十三分発、しかし、小走りにホームに急ぐ。すぐに二輌編成の列車が入ってきた。バスのように整理券をとって乗り込む。車内放送があって、この紀伊富田駅で上り列車との行き違いのための待ち合わせとのことであった（紀勢本線は、紀伊田辺から以南は単線であり、また新宮方面行きが上りとなっている）。白浜駅には三分ほどで着いた。続いて十五時三十五分発の「スーパーくろしお」新大阪行きに乗り換える。夏休み明けの九月二日の日曜日とあって小学生など家族連れの姿はなく、乗客は少なかった。私が帰りによく利用していたのは二時間後の「くろしお」だったので、帰宅はいつもより早い目になる。時間的にゆとりがあったので特急乗車は和歌山駅までとした。料金も倹約できるというものだ（私が下車する鳳駅では停車しないということもあったが）。

いつもなら座席が満席の状態で乗っているのだが、今回は二人分を一人で〝占拠〟でき、かつ海側の席ということもあって、旅気分に十分ひたりながら帰ることができた。岩代付近で眺めた海の色は灰色であり、夏の終わりを感じさせる色をしていた。

コースタイム《大辺路に関しては案内書が少ないため、本書ではコースタイムを付ける》

出立王子跡（30分）闘鶏神社（30分）ＪＲ紀伊新庄駅前（40分）ＪＲ朝来駅前（30分）郵便橋横（15分）平橋横（1時間）ＪＲ紀伊富田駅

〔付録〕―別ルート解説―

『大辺路調査報告書』（西牟婁・東牟婁振興局発行のそれぞれ一冊ずつ）が手に入り、私が歩いた道とは若干《じゃっかん》違う道が紹介されているので、二〇〇一年十二月十六日にＪＲ紀伊新庄駅から紀伊富田駅まで歩いてみた。このルートは国道四二号線の「田鶴トンネル」を通らず、その上部である新庄（朝来）峠を越えて、さらに富田川の左岸を行くコースである。思っていたほど車に関しては危険な箇所も少なく、かつ神社・寺院もあるので、こちらがお勧めといえるだろう。以下簡単にガイドブック風に紹介しておこう。

紀伊新庄駅から県道三一一号線に出る。すぐに「名喜里《なきり》」の交差点を左に入る。しばらく川沿いに行き、右に小橋を渡る。街村の集落内を行くと、左に「大潟《おおがた》神社」**【第二番】**の鳥居が見えてくる。この神社の鳥居の横を境内に沿って右に細い坂道（通称「馬道」）を上る。竹林の中を上っていくと跨道橋になり、二〇メートルほど下を国道四二号線が走っている。渡りきってからほんの一〇数メートルほどは古道の雰囲気が残る道となっているが、すぐに舗装道路に合流する。そのまま道なりに約一〇分間ゆるやかな坂を上っていくと、右から里道が合流してくる。道脇に「道分け地蔵・勢力地蔵」がある。

そこから少し上った所で道は二つに分かれ、「協業組合高雄ボタン」を示す右の方向に行く。このあたりから背後に田辺湾が見えてくる。ほぼ上りきった所で右に入る道があり、ボタン工場横を上っていく。そのまま行くと、民家が一軒建っている。そのお宅の前を通って細い山道を行く。すぐに左に上がる石段が目に留まり、小高くなった所に「高《たか》地蔵」がある（民家の手前にも左に入る山道があるが、地蔵のそばで合流している）。地蔵の祠の中に「高地蔵詠歌」の額があり、「ひといろの　ねがいはかなへ　たまふこそおたかぢぞうの　ちかいとゞきく」（仮名遣いなど誤りがあるがそのまま示した―筆者注）と書かれている。

「高地蔵」から下っていくと「田鶴トンネル」の出入口が見下ろせ、さらにそのまま下ると国道四二号線に出る。国道沿いを行くと「峠」バス停近く、左に「延命地蔵尊」がある。その向かいのお宅の玄関脇には「弘法井戸」がある。そのままさらに下ると、右に小さな丘の「糠塚《ぬかづか》」が見えてくる。

国道はこの後、紀勢本線を跨いでいるが、国道横に歩行者専用の跨線橋があり、それを渡る。国道と並行に走る道を行き、右にJR朝来駅が見える四つ辻を左に入ると「櫟原《いちはら》神社」**【第四番】**がある。神社の裏山に上ると見晴らしがよい。富田川の堤も望むことができ、その向こうの山腹に清掃センターの高い

石段を上ると高地蔵

煙突もはっきり見える。富田川に架かる潜水橋である山王橋は、方向的にはその煙突の少し左と思えばよい。

※ここから山王橋までは、経路がわかりづらいので地元の人に訊くか、それとも富田川堤を走る国道三一一号線に出てしまうのが得策である。

「櫟原神社」よりさらに五〇メートルほど進んで右に入る。ちょうど神社の裏山の真下にあたる所である。そのまま行くと小橋を渡り、左斜めに道なりに行く。三叉路となって右にとり、しばらく行って左折すると堤が近づく。山王橋への道は、国道沿いの「熊野水産」の脇を行くことになる。コミュニティーバスの本郷停留所のそばである。

山王橋（新大辺路十三景の**【第一景】**。以下第〇景とのみ表記）やその付近はなかなか風情があり、橋からの風景もすばらしい。橋を渡り終え、対岸の堤の道を少し行って、左の農道に下り、このまま川に沿って行く。左に道がカーブしてゆるい坂を上りきった所で清掃センターへの広い道路に出る。「道分け地蔵」の祠がある。道路を横切り、再び農道を行くと保呂《ほろ》集落となる。集落内には何本か道があるがどの道を行ってもよいだろう。

やがて右に郵便橋が見え、このあたりからは国道四二号線に沿って行くことになる。続いて平橋の赤い橋げたも木々に囲まれ見えてくる。北富田小学校の前を通過したかと思うとすぐに国道に合流する。そしてここからは富田川左岸の国道を行くが、歩道の幅も広く安全な感じがする。白鷺橋のたもとの庄川口バス停を通過し、大きく左に回り込むと道沿いに「平間《ひらま》神社」**【第五番】**がある。休憩にはちょうどよさそうだ。そこから数分とかからない集落内に「満願寺」がある。国道沿いには「魚籃《ぎょらん》観音像」が建っている。

ススキと山王橋

白浜町立体育館を横に見ながら国道を行く。右手前方に富田橋が見えてきた頃、道沿いの「日《にち》神社」【第六番】に着く。神社に接して「海門寺」も明治までは存在し、近世中期から末期には大社であったといわれている。

なお、「日神社」からJR紀伊富田駅は富田橋を渡って約二〇分である。富田橋には明光バスのバス停もあり、白浜行きと田辺行きの二系統がある。田辺行きのバスは、次の古道歩きの際に利用することになる。

コースタイム

JR紀伊新庄駅（10分）大潟神社（30分）高地蔵（30分）JR朝来駅前（20分）山王橋（50分）白鷺橋横（10分）平間神社（20分）日神社（20分）JR紀伊富田駅

蟻さんの砂糖船（一艘目）「喜助丸」の巻

巡礼の人々のQ&A（田辺における喜助の場合）

Qの1　「喜助たち巡礼の人々の宿泊所は」？

A　「巡礼に限らず旅人は、すべて旅籠《はたご》、さらに町会所を通して町奉行に届けることになっていた。町なかのどんな家にでも自由に泊まれるはずはなく、宿泊はすべて旅籠など専用の宿泊所」

Qの2　「喜助の持っていた証明書は」？

A　「江戸時代の喜助のときには往来手形を所持する必要があった。越後の国住人の喜助の往来手形の差出人は喜助の村にある常福寺の住職と、その村の名主次助の連名で、宛名は『国々御関所、御役人衆』となっている」

Qの3　「そのときの喜助の所持品は」？

A　「宗教関係として熊野本宮画図・梳き道具入れ・*納経帳五冊・江戸絵三枚・*鉦子。生活用品として、古袷《あわせ》一枚・脚絆《きゃはん》・もも引き・草鞋《わらじ》・掛帯一筋・三尺帯・頭巾・扇子・懐中量（銭か銀を計るのに使うものか？）・古風呂敷・*白米三合ほど・*黒米三合ほど・古椀・古笠」

*納経帳—巡礼は、参拝したお寺に書写したお経を奉納するのが本来で、その受け取りとして納経印を捺してもらうもの

*鉦子—巡拝の道具。携帯用の小さなかね

*白米や黒米（玄米）—旅籠は食事付きの宿だが、木賃宿には食糧持参であった

Qの4　「それらの所持品の容れ物は」？

A　「笈《おい》と呼ばれるもの。笈とは〈負い〉のことで、今のリュックにあたるものを背負っていた。山伏や行脚僧も使用していて、書籍や仏具や身の回りのものを持ち運んでいた」

※以上、「蟻さんの砂糖船一艘目」は、『ものがたり日本列島に生きた人たち7　伝承と文学「巡礼が来る町」』（岩波書店刊）を参考にまとめた。

文学に見える南紀・熊野路①

（田辺）

佐藤春夫『洗塵紀行』

車を馳りて田辺の市中を抜ける。田辺の町はどの通りもみな行き止りで十字街になったものは一つもなく皆T字街ばかりでT字街つなぎというべき一種奇妙な町筋がこの町の特色でこれは安藤様の特別なご設計で、市街戦に備えたものと聞いているとは小川氏の説明であった。市街戦に備えたものというのは些《いささ》かうがち過ぎた考え方で城下の狭隘を見破られぬためであったろうという説もあるが、ともあれ安藤帯刀直次の設計案である事は確実らしく、この一小事にも安藤らしい知謀の一端は現れていると云ってよかろう。安藤帯刀はもと遠州掛川の小城主であったのを関ヶ原大阪陣等でその武勇と智略とを発揮したのがひどく家康の御感に協《かな》い抜擢されて、頼宣公が紀州五十万石に封ぜられる時その若年を憂えて家康が特にこの人を附人としてよこしたというだけあって剛毅沈着遠謀の名将で且《か》つ大政治家の手腕をも兼ねた紀州徳川家初期の名臣の筆頭というよりは寧《むし》ろ大黒柱とも称すべき人傑であった。

（略）

この夜我等一行四人は文里の文里《もり》館に一泊した。文里は鉄道未開通時代には大阪商船定期航路中の重要港として繁華な土地であったが、鉄道開通後の今日は旅館なども客は多く白浜湯崎等にとられてしまって、はたの見る目も気の毒な程の衰微と聞いたので、わざと天下の名湯として知られた白浜湯崎を避けてこの地を選んだのも我等の性癖によるものである。（略）明日は富田の草堂寺に応挙蘆雪等の製作を見てから椿温泉に行ってみるつもりであるが正午からの出発でも十分間に合うというから久しぶりで朝寝をするつもりで夜更けて寝に就く。

昭和九年（一九三四）

◆佐藤春夫《さとうはるお》（一八九二〜一九六四）

詩人・小説家。新宮生まれ。三田文学同人。詩集に『殉情詩集』など、小説に『田園の憂鬱』『都会の憂鬱』などがある。紀伊勝浦駅前広場には、「秋刀魚の歌」の詩碑があり、また、新宮の熊野速玉大社境内には、東京の旧宅を復元移築して「市立佐藤春夫記念館」がある。

※「文学に見える南紀・熊野路」の文章について

①〜⑮のすべての文章において、仮名遣いは現代仮名遣いとした。また、漢字については新字体とした。

二　太平洋を望み感動した私

富田《とんだ》から安居《あご》（三ヶ川《みかがわ》）へ　—富田川から清流日置川への道—

〔富田坂越え〕

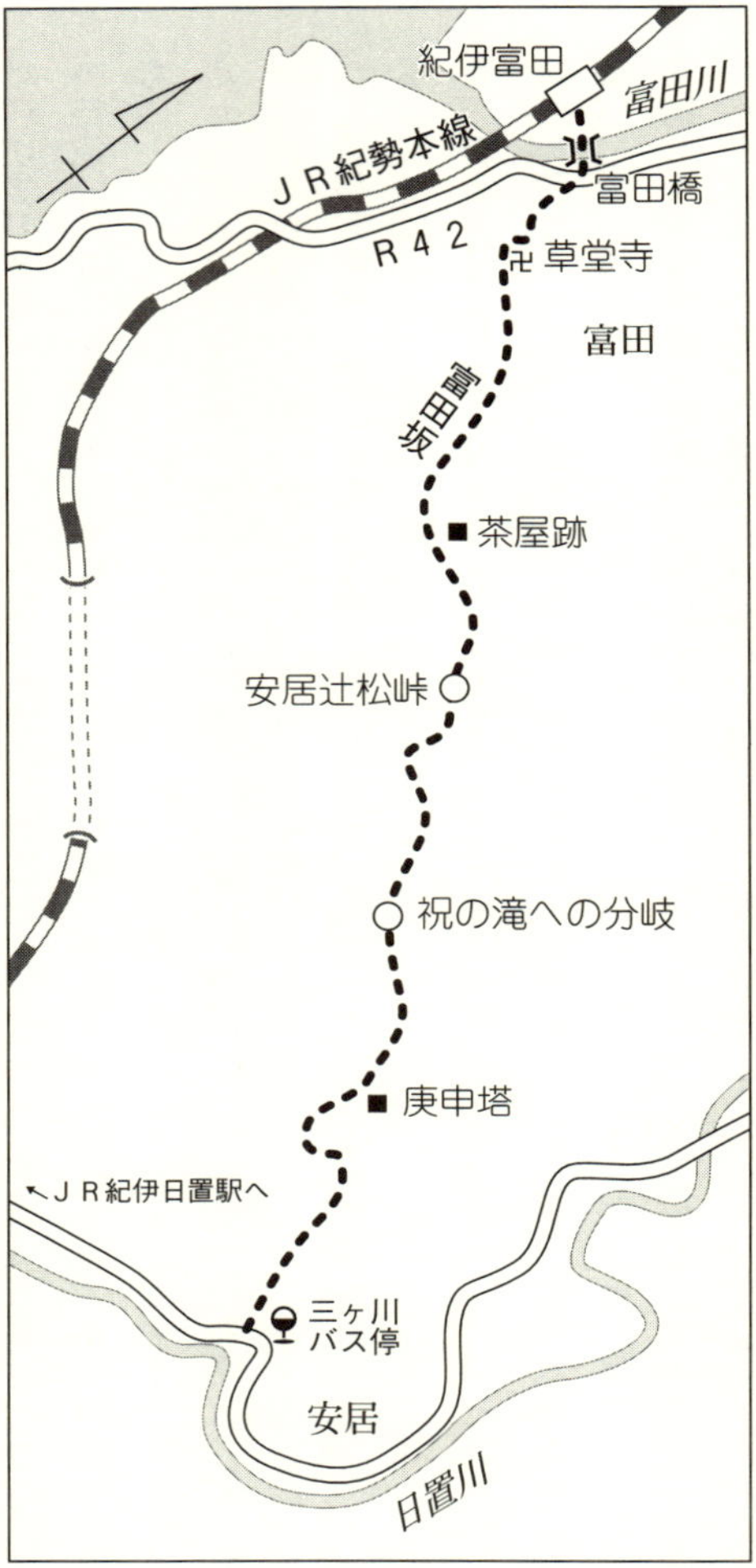

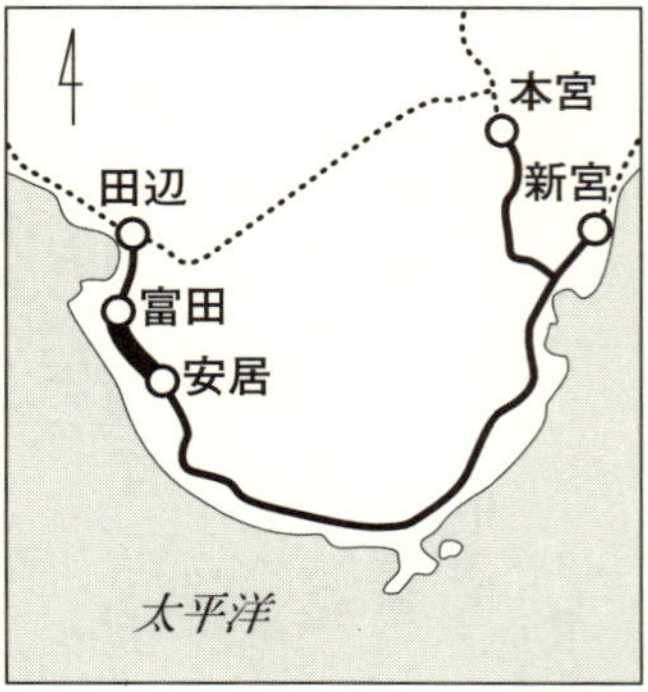

【歩いた日】
二〇〇一年九月十七日（月）　**晴れ**

JR紀伊宮原駅で数人のハイカーが降りた。たぶん糸我《いとが》峠越えを目指す人たちであろう。ここより湯浅まではいいウォーキングコースである。私のお気に入りでもある。やがて列車がJR広川ビーチ駅を過ぎると、ほんの少しの間だけ海が見える。本日は好天でめずらしく四国までもが見えた。

このビーチ駅の前にある唐尾《からお》湾、よく筏《いかだ》釣りで来たものである。今ではこの唐尾よりもう少し南の小引《こびき》という所を主な筏釣り場としている。私の釣行回数は年一〇回程度といったところだろうか。ただ、古道歩きを始めてからは確実に回数は減っているようだ。この夏も一回の釣行だけであったが、何とか一匹の黒鯛（関西ではチヌ）をものにした。そして翌々日のスポーツ新聞の釣況欄に自分の名前を見てニヤッとしたのが、今から一ヶ月も前のことである（スポーツ紙の釣況欄では、誰がどこで何を何匹釣ったというのが載っている。釣り具店や釣り舟店それに渡船店の情報であるが、翌々日に掲載される）。

さて、列車の窓からは刈り取った稲を干しているのが見え、田のあぜではヒガンバナもその存在を真っ赤な色でアピールしている。ミカン山もあちこちにあるが、まだ実は青いようである。しかし、秋は間違いなくやってきているようだ。そんな秋のなか、列車は紀伊田辺駅に定刻通り着き、私は隣の3番線に停車中の新宮行き普通に乗り換えた。

朝来駅で下り列車との行き違いのため数分間停車した。運転手さん（二輛編成のワンマン列車で、乗務員はこの運転手さんが一人）がホームに降りて何やらたしかめている風だ。やがて車内アナウンスがあった。私の乗っているほうの車輌の冷房機が故障とのことであった。そういえば、先ほど田辺駅で乗ったとき、ちょっと暑いなと感じた。故障とはいえ、そんなにも暑さを感じなかった。車内でこのようであるので、今日は快適な一日になりそうだ。絶好のウォーキング日和になるような期待がもてる。

紀伊富田駅では先頭車輌の一番前のドアだけが開いた。バスと同じ要領で料金箱に切符を入れる。駅の仮設待合所に行く。自販機から冷たいお茶を買っておにぎりを一つ食べる。列車を降りて約二〇分後の十一時十一分に出発した。まずは富田橋であるが、風がさわやかで気持ちがいい。空には大きな白い雲がのんびりと浮かんでいる。これから行く富田坂を上りきると海が見えるというが、きっときれいな海を眺めることができるだろう。県道三四号線を歩いていると、右手から特急「くろしお」のカタンカタンと走る音が聞こえてくる。駅を出て約一〇分後に富田橋を渡りきった。富田川の水は澄んでいて鯉の泳ぐ姿も見られた。続いて国道四二号線を横切る。まず目指すのは「草堂寺《そうどう》」**【第七番】**である。集落のなかの細い道を歩く。アキアカネが群舞していてゆったりとした気分だ。そのまま道なりに行って小川を渡り、また道なりに進むと左に富田会館があった。そこからすぐに左折すると、大きな瓦屋根が見える。あれが「草堂寺」であろう。上り坂になり、高瀬川に架かる飛鳥橋を十一時四十二分に渡る。渡ってすぐ大きな案内表示板があって「熊野古道大辺路街道」と記されている。振り返ると白浜空港やアドベンチャーワールドの観覧車がよく見えている。

「草堂寺」では、山門をくぐり本堂にお参りし、私は旅の安全及び家内安全を祈った。ご住職がお寺の修理についてであろうか、何人かと相談されていたが、私は厚かましくも古道について尋ねてみた。やはりこの「草堂寺」のそばの本来の古道はわからなくなっているようで、お寺の前の道をしばらく行けば道標があるとのことであった。指示通りに行くと、「安《あ》居《ご》辻松《つじまつ》峠」への矢印があった。舗装されている竹林の中を行く。途中、一里松跡や要害山城跡の案内板を見ながら歩いて行くと、少し下りになった頃、右から林道が合流してくる。「草堂寺」を出たのがちょうど正午であって、約三〇分後には軽トラックが通れる広さの林道から細い山道に変わった。本格的に「富田坂」の上りとなった。「富田坂」は、大辺路のなかでも「仏坂」「長井坂」と並んで難所として知られた所だ。

それにしても静かだ。ツクツクボウシの鳴き声だけが聞こえてくる。時どき、かぶっている帽子のあたりでプチプチという音がする。木の枝に当たっている音かなと思いながら上って行くと、目の前にクモの巣がいくつか道を遮るように現れた。これで判明した。さっきからの頭上の音はクモの巣が帽子に引っかかったものであった。私は坂道の初めの頃に拾っておいた〝本日の杖〟でクモの巣を払いながら進んだが、何回も顔にクモの粘っこい〝網〟をくっつける羽目となった。これだけクモの巣が張り巡らされているということは、やはりあまり歩く人がいないという証拠であろう。そしてこの杖、実はマムシ対策でもあった。道に草が多いのである。私は杖で地面を叩いて大きい音を立てながら、恥ずかしいがこわごわ進んでいった。道の横脇からの音で、ガサッとかコソッとか一回きりであれば〝注意報〟を自身に発するだけでよかったが、その音がコソコソとかカサカサとか連続して聞こえるようなときには、〝警戒警報〟を発して心の中でウワーッと叫びながらドタドタと走るように足早に歩いた（結果的には、出くわしたのはムカデ二匹であったが、そのうちの一匹は約二〇センチの大物であった）。

茶屋跡への富田坂古道

ほぼ上りきると左の方に谷を見る巻き道となる。さらに道はというと、シダ類が覆っていてわかりにくく危険である。私は持っていた杖でシダをかき分け、地面をしっかりと叩いて道があることをたしかめながら進んだ。ふと足下を見ると、真っ白いキノコが二つ生えている。一つは直径二〇センチはあろうかというもの。他は直径五センチ程度。表面にはぶつぶつの突起があるシロオニタケだ。ほんとうに真っ白い絵の具を塗ったようなキノコであった。やがて「草堂寺3・5㎞　安居辻松峠1㎞」の立て札があって、十三時二十一分に「茶屋跡」に着いた。大正八年までは営業していたという。その頃は、串本あたりから大勢の人々がこの峠を越えていったのであろう。往時の姿をしのぶには全く頼りとするものがないありさまである。私はここで五分間小休止した。

「茶屋跡」を出発してすぐに、嫌な光景に遭遇した。何と、弁当を食べた後の空きパックを白い袋に入れ、それが木に吊してあるのだ。それが一〇袋以上もある。たぶんこの「茶屋跡」で食べた団体がそのまま放置したものと思われるが、それにしても心ないしわざである。

ゆっくりとした上り坂を峠を目指して行くと、前から数人もの人たちが下ってきた。ウォーカーというよりは、上下の作業服といういで立ちからして何やら調査している人たちであるようだ。私もこのような所で人に出会うとは驚いたが、それにもまして、その人々は一人で上ってくる私にびっくりされたようだった。私が「こんにちは」と声をかけると、先頭の人が親しみをこめて微笑みながら「こんちはー」と返してくださった。道が狭かったので後に続く人は私の姿が見えなかったのであろう、何や何やという感じで前につめてこられた。私を見て、一同まさかという表情である。全部で五人おられたが、最後尾の人がおっしゃった。

「あんた、一人で上って来られたのか」

「はい。草堂寺からですわ」

「ほぉー。……」と感心したようなめずらしがるような顔つきである。しかし、嬉しそうでもある。この人たちは地元の人であろう、わざわざ自分たちの所にお客さんがやってきてくれたというようにも感じられる。

「それで、あんたはどこから来られた。和歌山の人ですか?」

「いいえ、大阪ですわ。今日の朝十一時頃に紀伊富田駅に着いてここまで歩いて来たんです」

「へぇー。そうですか。大阪からねえ。ごくろうさんやな」

「古道歩きをしてましして、中辺路から本宮には行きました。それで、今は大辺路から新宮方面に行こうと思ってます。この前は田辺から紀伊富田まで歩きました。それで今日はその続きというわけです」

「それで、今日はどこまで?」

「いちおう、安居までと思ってます。安居から先はどうも道がはっきりしないようですが、もう川の渡しなんてないんでしょうね」

「そりゃあ、もうないわ」

「安居のあたりに詳しい方、ご存知ないですか」

このような私の問いにたいして、安居に在住の方もいらっしゃって、みなよく知っていらっしゃるとのことであった。そして住所や電話番号を教えてくださって、いつ問い合わせしてもよいとのことであった。親切な方たちである。さらに、「あんた、地図は持ってるかな」とも尋ねてくださった。私は、「山渓地図」（山と渓谷社刊の『熊野古道を歩く』を以下このように略す）は持ってきたが、『大辺路調査報告書』（西牟婁・東牟婁振興局からそれぞれ発行されているので、以下、『調査報告書西』『調査報告書東』と略し区別する）は今回持ってきていないことを告げると、「安居辻松峠越えのみち」と記された、とても正確に道が書かれている一枚の地図をくださった。そして、絶対に塩津山の方には行かないようにとのアドバイスをうけた。私が『調査報告書西』を紀南文化財研究会の濱岸先生から送ってもらったと言うと、みなさん先生をよくご存知のようであった。私にとっては、ほんとうにいい出会いであり、感謝しつつみなさんと別れた。

町境の「大辺路街道」案内板

　十三時五十三分に「安居辻松峠」に着いた。右に道をとると田野井方面への尾根道となり、左の広い道を行くことになる。なお、この「安居辻松峠」には、数メートルの長さの太い松の木が横たわっている。山火事にあって倒れたものという。その松の木のそばには地蔵さんが祀られている**【第八番】**。

　峠より約一〇分で林道に出た。ここは平坦になった所でベンチも設置されている。案内板が二つあって、林道に出る手前には白浜町製作の、そして、林道との合流点には日置川町製作のものが約一〇メートルほど隔てて立っていて、ちょうどここが町境であることがよくわかる。さらにここからは海もよく見えているが、案内板には今から約一五〇年前の安政六年の三月八日にこの山道で詠まれた歌も紹介してある。

「あうらつく　山路の石の　かど高み　いたくも吾を　わびせするかな」

旅日記の『熊野日記』に見える歌で、「あうら」とは足裏のことで、この富田坂の難路ぶりを詠っている。作者は熊代繁里《くましろしげさと》という紀南を代表する歌人であり、晩年は熊野本宮の神官にもなっている人だ。私が今いる所より安居までは林道となっているので、彼のときと比べてずいぶんと歩きやすくなっていることだろう。したがってここより安居までは古道の雰囲気はまったくなくなっている。

私はベンチに腰かけ、おにぎりを二つ食べ終えると、十四時十分に出発して林道を下っていった。かなり急な坂であるが、海も見えるのでそんなにも苦にならない。だいぶ下って来たころミンミンゼミの声が聞こえてきた。十四時五十八分に「祝《しゅく》の滝」への分岐点（三叉路になっている）を通過し、橋を渡った。川の幅は狭くゆるやかに流れている。「山渓地図」によると、ここから五〇分で三ヶ川のバス停となっている。十六時までには着けそうである。私はもうしばらく歩いてから、携帯電話でタクシーを呼ぶことにした。

三ヶ川からJR紀伊日置《ひき》駅行きのバスは、午後は十四時四十一分発と十七時三十三分発しかなく、十七時三十三分発のバスに乗ると、JRは紀伊日置駅発十八時三十二分となり、白浜駅で新大阪行き十九時三十六分発の特急に乗り換え、和歌山駅が二十一時前着である。これだとかなりの時間のロスが見込まれる。そこで、距離もあまりないので、タクシーで紀伊日置駅に行けば、普通列車は十七時十九分発である。これだと白浜駅で十八時二十七分発の特急になるが、ただし、紀伊日置駅で約一時間余りの時間待ちになってしまう。これも少し無駄があるような気がする。

で、立てていた作戦は次のようだ。まず、タクシーで紀伊日置駅の前を素通りし、日置川町役場まで行く。役場前のバス停から明光バスの紀伊田辺行きが十六時二十三分にある。田辺まで約五〇分。よく利用している十七時四十五分発の「スーパくろしお28号」に乗れるというわけだ。時間があれば町役場にも立ち寄ることも可能だ。ただ、料金がかさむという難点はあるが。

白浜から南に来て気づいたことだが、新宮～紀伊田辺間の普通列車の本数が紀伊田辺～和歌山間に比べてはるかに少なくなっていることだ。紀伊日置駅で新宮発田辺行きの夕方頃の列車は、先ほどの十七時十九分発、十八時三十二分発と十九時二分発の三本しかない（この後も二本あるが、大阪方面行きの最終特急は白浜をすでに発車している）。それにしても不便なので、一泊することも考えておく必要があるかもしれない。

さて、道も平坦になり、谷間とはいえ、空を見渡せる明るい感じの所に出てきたので電話しようとしたが、圏外の表示が出ている。たぶんこの表示も間もなく消えることだろうと期待しながら右に三ヶ川を見ながら歩いていたが、上流ではさっき水が流れていたのに、ここでは流れていない。完全に干上がった状態だ。それにしても妙な感じがする。水はいったいどこに消えたのだろう。伏流水となっているのであろうか。十五時十六分には「庚申塔《こうしん》」

【第九番】前を通過した。いくつかの石塔の周りのミズヒキソウの小さな赤がひっそりとした感じで趣きがあった。

結局、携帯電話の圏外表示が消えたのは、三ヶ川のバス停に着いたときだった。時刻は十五時四十一分。私は早速タクシーを呼んだ。「あのう、ミケガワのバス停にいるんですけど、すぐに来てもらえますか。町役場までお願いしたいんですが」。そうすると、「ミケガワ？　ああ、ミカガワね。すぐに行きます」との応答。「三ヶ川」は「ミカガワ」だったのだ。そしてタクシー乗車が十五時五十分。

「どこからの歩きですか。今頃めずらしいな」

「はい、富田の方からで、熊野古道を歩いています。それにしてもあの川、水が途中でなくなったんですわ」

「ああ、あの川ね。あの川はあんまり水が流れんのです。大雨の後ぐらいしか水がないんです。おもしろい川です。いわゆる水無川やね」

「ああ、そうだったんですか。道理で水がなかったわけですね」

「町役場まででしたね。車でも置いてますか？」

「いいえ、車では来てません。車やと帰りが、そのう大阪なんですけど、歩いた後の車の運転はしんどいですわ。

それに、日置駅に行っても電車がないんですわ。役場前から田辺行きのバスがあるって聞いたもんですから」

「うん、そやね、たしかにあります」

「熊野古道歩きの人はいたはりますか」

「あんまりいないけど。あのウエさんたちを乗せたことがあります。新聞にもよく記事を載せている人です」

私は最初、ウエから上を連想してしまい、宇江敏勝氏とは気づかなかった。しばらくしてわかり、「宇江さんをですか。あの人もよう本を書いたはりますよね」と言って、道路の左を流れている日置川に目をやった。澄みきったいい青緑色をしていた。

「この日置川、富田川よりきれいですね」

「ほんまにこの川、水がきれいでしょ。カヌーで下ってきた人が、四国の四万十《しまんと》川以上やて言うてました」

「へぇー。そうですか。このままあまり人に知られないほうがいいですね」

私は車窓から川を見た。川面はさざ波もなくゆったりと流れている。私はこの冬、近露《ちかつゆ》を歩いたことを思い出した。あの「近露王子」跡のそばを流れていたのがこの川であった。再びここでめぐり会え、それもこのような清流の日置川を目の当たりにして、私は懐かしいような思いにとらわれていた。

タクシーは右に紀伊日置駅を見ながら走っていた。町役場には十六時すぎに着いた。到着の直前に、私は、次回の古道歩きが紀伊日置駅から始まるので、タクシーのことについて尋ねてみた。何と、このタクシーが一台きりであるとのことであった。次回、タクシー利用の場合はまたこの運転手さんに会えるかもしれないと思いつつ、車から降りた。

すぐに目の前の役場に向かう。古道に関する案内書を求めたが、残念ながら町の観光パンフレットしか置いていなかった。田辺行きの明光バスは十六時二十三分発だった。役場の後ろには海が見えていたので、自販機で買ったスポーツドリンクのペットボトルを持って海岸に行ってみた。ほんとうに役場の真裏が海となっていた。砂浜が丸く湾曲して長く続いている。日置川もきれいだったが、この海もそれに負けず、秋の澄んだ青空のもとに美しかった。水際では真っ白い波が寄せていた。釣り人が一人自然の中にぽつんといた。竿を立て、リールを巻いていたが、何やらキラキラ光っているので小魚でも釣れたらしい。のどかというか、ゆったりした気分になれる光景だ。私はボトルのドリンクをごくごく飲み、おもむろにアンパンをリュックから取り出して、日置の海に満足しながらむしゃむしゃ食べた。

ちょうどそこに地元の人が来た。私は釣りも趣味の一つとしているので、釣れる魚種を訊いたところ、チヌやスズキそれにマダイもくるそうだ。またその人から教えられびっくりするようなことがあった。あの黒潮がこの岸から見えるそうである。黒潮はときに蛇行してこのあたりまで来るようで、色が違っていてはっきりとわかるようだ。一度この目で見てみたい思いにかられる。黒潮蛇行で北上した場合には来てみようと思った。陽光はまぶしいくらいに明るかったが、それでも海岸には秋の気配が漂っていていい気分だった。私は〝太平洋〟を背にしてバス停に向かった。

定刻より少し遅れて明光バスは来た。乗客は私一人で、運転手さんの真後ろの席に座った。このバスに約五〇分くらい揺られて田辺に戻ることになる。途中の道路標識で「串本47K　新宮91K」とあり、私は本州最南端の潮岬に近づいているなと感じ、自分なりによくやっているなと自賛した。

バスは国道四二号線を海に沿って北上している。途中漁港をいくつか過ぎたが、このあたり入り組んでいるいわゆるリアス式海岸になっている。だから湾奥は比較的静かな湖のような入り江となっている。そのうちに本日朝に渡った富田橋を左に見て富田川左岸を走るようになった。しばらく行くと、前回その

日置川町役場のすぐ後ろが海

橋のたもとで休憩した平橋も見えてきた。

乗り込んでくる乗客は相変わらずいなくて、私は運転手さんに話しかけたりしていた。私からは、自分が熊野古道歩きをしていることや、猟犬と出くわしたことなどを話題にした。運転手さんは、奈良や飛鳥の石舞台に生徒たちを観光バスに乗せて行ったことや、百間山渓谷《ひゃっけんざん》の景色がいいとか、高速自動車道が田辺まで早く延びてほしいとか、富田川の大水の後に大楠が流れ着いていたとか、猟のときに間違われて撃たれた人がいるとか、いろいろと話してくださった。

結局、終着の紀伊田辺駅まで誰も乗ってこなかった。降車の際、運転手さんはまた来てくださいとおっしゃった。約五〇分の海岸沿いの自然と人情にふれたバス旅であった。

振り返るに、今回のコース、紀伊富田駅から富田坂の古道歩き、さらに太平洋を眺め、ゆったりした時間が流れたバスの中ということを考えると、手前味噌になるが、なかなかいいコースではないかと思う。お寺あり、古道あり、川あり、海ありとバラエティーに富んだ人を飽きさせないコースである。タクシーとバスで割高にはなるが、二、三人だと金額については気にすることもないだろう。晩秋のコースとして推薦できる。私は十分満足して、紀伊田辺駅発の「スーパーくろしお」に乗り込んだ。私は車中である本を手にしていた。駅前の土産物店で買った『いっしょに歩こう　熊野古道』がそれである。この本はおもに紀伊路・中辺路あたりの古道をイラスト風に描いてあって見やすい本である。「JR地図」の下敷きとなっていると思われる絵の雰囲気である。以前、「くまの古道歴史民俗資料館」で見かけていたので、ぜひ欲しいと願っていたものであった。

さて、列車は夕日を浴びながら走っている。もうあと三〇分ほどで日の入りだろうか。夏とは違ってずいぶん早くなっている。岩代付近で眺めた夕日はきれいな橙色をしていた。本日の穏やかさを物語っているようであった。御坊を過ぎると、夕日自体は山に隠れて見えず、夕日を背にした山の黒色と残照に映える赤い雲が幻想的であった。広川ビーチ駅を過ぎたときには、太陽は本日の役割を終えていた。夕闇のなか「スーパーくろしお」は満員の客を乗せて大阪に向かっていた。

コースタイム

JR紀伊富田駅（40分）草堂寺（1時間20分）茶屋跡（20分）安居辻松峠（50分）祝の滝への分岐（40分）三ヶ川バス停

文学に見える南紀・熊野路②

（富田川〜日置川）

司馬遼太郎『街道をゆく8　熊野・古座街道』

翌朝十時に宿を出た。

白浜から南下し、富田川にかかった橋をわたって、海岸道路に出た。この磯ぎわの道がむかしの大辺路（国道42号）である。

右手が、海である。黒い地骨の露出した小さな岬がやたらとある。見草《みくさ》崎、烽火《のろし》ノ鼻、番所崎といった名称がついている。このあたりは室町期の熊野海賊の中核的存在だった安《あ》宅《たぎ》党の根拠地があったところで、烽火ノ鼻とは番所崎といったような軍事的な名前がついているのは、かれらに由来するものにちがいない。

左手に山がせまっていて、平場の地面がほとんどない。山と海のあいだのわずかな地面に、紀勢線のレールが敷かれている。わりあい頻繁に列車が通った。列車は片側を山肌でこすりつけるように走るのである。

「紀勢線が石炭で走っていたころは、煤煙で毎年のように山火事がありました。」

と、左側の車窓を見ながらKさんがいった。

（略）

日置川が、このあたりでもっとも大きな川であろう。大辺路である国道42号は、このあたりでトンネルをくぐる。トンネルよりすこし上流に塩野という村があってそこに安宅水軍の城址があるはずだが、道路からは山脚にさえぎられて見当のつけようもない。この日置川の河口付近には、海岸にも山にも大辺路の古道の痕跡が多くのこっている。

◆司《し》馬《ば》遼《りょう》太《た》郎《ろう》（一九二三〜一九九六）
大阪府生まれ。「梟の城」で直木賞受賞。九三年文化勲章受賞。おもな作品に、『燃えよ剣』『竜馬がゆく』『国盗り物語』『世に棲む日々』『坂の上の雲』『空海の風景』『この国のかたち』など多数ある。

三　上野さんと歩いた私

―渡し船があれば風流さを感じさせる道―

安居《あご》（三ヶ川《みかがわ》）から周参見《すさみ》へ〔仏坂越え〕

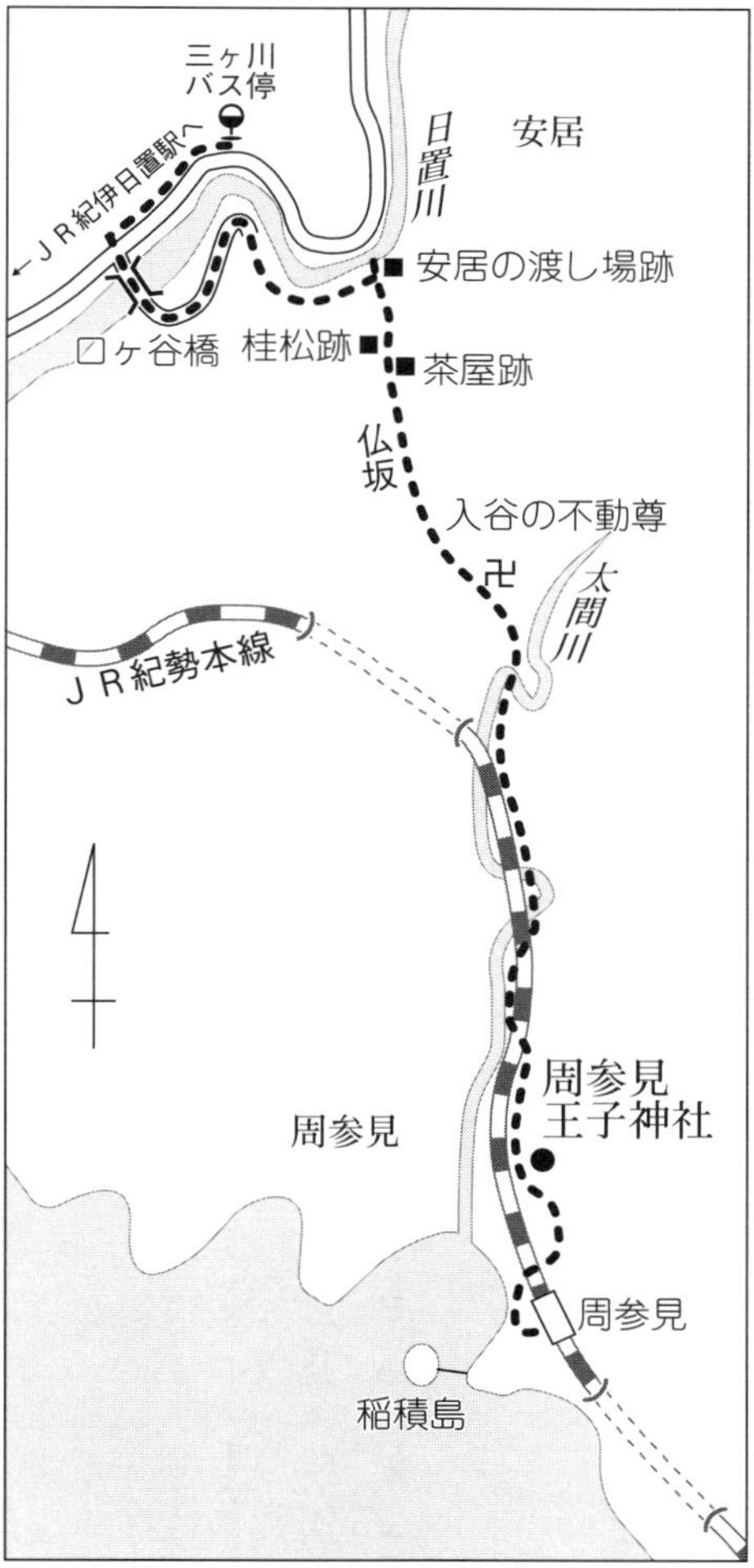

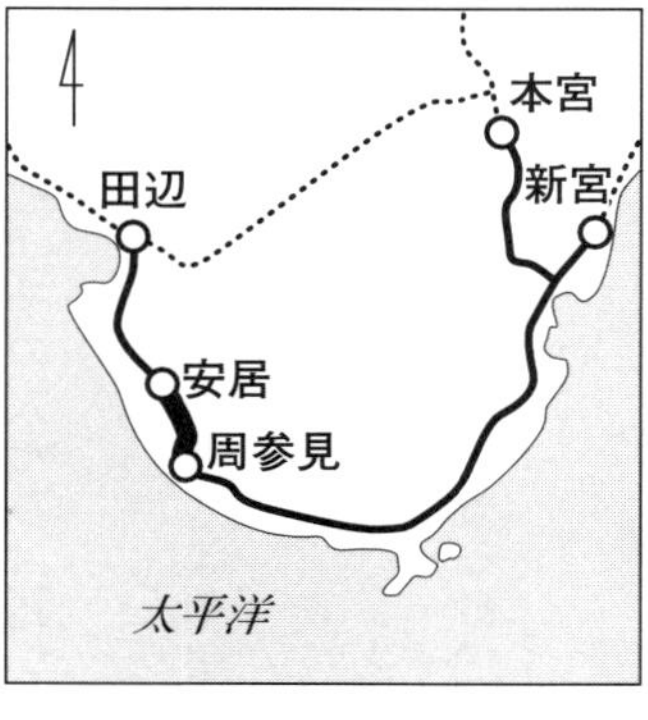

【歩いた日】
二〇〇一年十一月十一日（日）　**晴れ**

十一月十二日のことである。話はまず、私の職場の最寄りの駅近くの喫茶店から始まる。私は仕事からの帰りに、同僚といっしょにコーヒーを飲んでいた。話題は昨日の古道歩きおよんだ。

「きのうは、周参見や、周参見に行ってきた」と私。

「ええっ。す・さ・みか。またえらい遠いなあ。もう熊野歩きは本宮に着いたんとちがうのか?」と、彼は少し驚いたようす。

「うん、本宮には着いたけど、今は田辺から南の方を歩いているんや。前は中辺路で今は大辺路なんや」

「中辺路は知ってるけど、大辺路というのもあるんか？」

「中辺路は熊野古道のメインルートやけどね。大辺路とゆうて田辺から海岸回りで串本を通って新宮への道があるんや」

「なるほど、海べりを行くんやな。国道の四二号線は知ってるけど、あの国道沿いを歩くのは、おもしろないで。道は残ってるんか？」

「いやあんまりちゃんとした道はないんや。中辺路のように人が歩いているわけではなく、はっきりしない所もあるようや」

「それにしても一人でよう行くなあ」

「それがな、今回は一人やのうて、地元の人といっしょやったんや。その人はもと学校の先生なんやけどね。この前九月に歩いたときに山道でその先生もいれて五人の人に会うたんや。何や調査してはってな。その人たちは親切な人たちで今度歩くときは知らせてほしいとのことで、それで連絡しておいたんや」


この後、私は古道歩きのことについてじっくり語り、彼に聞いてもらったが、このように今回は一人ではなく初めての二人歩きの古道となったのである。

天気は快晴だ。しばらく寒い日が続いていたが、本日はかなり気温が上昇しそうだ。今回は仏坂越えであるが、海も見えるかもしれないので楽しみだ。いつものように和歌山駅八時三十五分発の田辺行きに乗った。

加茂郷《かもごう》駅を過ぎたあたりからミカン畑が見え始めた。ミカンの黄色がはっきりと見てとれ、収穫のときを迎えている。宮原駅手前では、有田川越しに国道四二号線を、あの道は釣りで通い始めてからもう二〇年にもなるなあと感慨深く眺める。紀伊田辺駅では、例の二輌の新宮行き列車に乗り換える。目的の紀伊日置駅まで五〇分もかかる。距離のわりにかなりの時間を要しているのは、下り線との行き違いの待ち時間のせいのように思われる。

白浜駅には十時四十四分着。ところが、次の次の椿駅では何と一〇分余りの時間調整のための停車時間があった。駅近くの椿温泉にはほとんどの人が自家用車で来るのであろうか、誰も乗り降りする人はなかった。さびれた駅であったが、山に囲まれて鳥の鳴き声も聞こえ、まるで汽車でも走ってきそうな雰囲気を漂わせている。私は駅のプラットホームに降り、線路を跨《また》いでいる橋の階段にしばらく腰かけていた。そろそろ発車時刻と思われたので、列車に乗った。線路脇のツワブキが日を浴びて黄色の花が鮮やかだった。すると列車は「発車します」の予告もなく走り出した。不思議な停車時間であった。

紀伊日置駅には予定通り、十一時十六分に到着した。改札を出ると上野さんが待っていてくださった。挨拶もそこそこに上野さんの車へと向かう。奥様も乗っておられ、本日はご夫婦にやっかいになった。というのも、私と上野さんが古道歩きに出発した後、車を自宅まで運転するのが奥様の役割だったからだ。さらに、後でわかったことだが、本日はお二人で別々の車に乗って自宅を出発され、古道歩きの終着点（仏坂を越えた入谷側）に一台置いてきたうえで、こうして紀伊日置の駅で待っていてくださったのだ。

さて、三人の乗った車は日置川沿いを走る。すると、正面からぱらぱらとランニング姿の人が駆けてくる。どうやらマラソンのようだ。幟《のぼり》が立っていた。「歓迎南紀日置川町リバーサイドハーフマラソン」とある。車が進むにつれてこちらに向かって走ってくる人が増えてきた。上野さんによると、もうすでに折り返してきていて、日置川町役場がゴールとのこと。したがって最初に見た人たちがトップグループということになりそうだ。ときには芸能人も参加することがあるとのことだが、あまり車の通らないこの県道三七号線は交通規制に困難もなく、景色もよくていいマラソンコースに違いない。上野さんは運転しながら、時折、スタッフジャンパーを着た係りの人に声をかけておられる。さすが地元のもと先生である。顔の広さに驚く。

前回の最終到達地点の三ヶ川バス停を左に見て、安居の集落の中を車は行く。「安居の渡し場跡」まで案内してくださった。日置川河原に車を乗り入れ、あの岩の出っ張りあたりが向こう岸の渡し場跡であろうと、上野さんは指さして言われた。かつては木造船が渡していたが、今は渡るすべはない**【第二景】**。

私は川の風景を撮り終えると、三ヶ川バス停まで車に乗せてもらった。十一時三十七分、私の本日の古道歩きはここから開始された。上野さんご夫婦は車で口ヶ谷橋を渡った所で待機してくださっていたが、歩きの私は約一五分でそこに着いた。ここで奥様はお帰りになり、これより上野さんとの二人の古道歩きが始まった。

ショウガ畑などのそばを歩いて行くとやがて竹林が現れ、そのまま道はどん詰まりとなり、右に竹林の中の細い道を行くことになる。地上約五〇センチの新しい杭にはNo.1とある。現在ちょうど正午。上野さんによると、75番目が渡し場跡だそうだ。

日置川と口ヶ谷橋

竹林に分けいって、わかりにくい道を川沿いに行く。整備もされておらず、危険な個所もあった。約四〇分で渡し場跡に着いた。川べりに出てみる。水量はあまりなく、何とか橋は出来ないものかと思う。大辺路はここで分断されており、渡し船を復活させたいとも上野さんはおっしゃった。私は、稲葉根王子社付近の富田川に架かる、潜水橋と呼ばれる畑山橋のようなものは出来ないものかとも思った。あのNo.1の杭からここまで道を整備するとも考えられているようだが、それも大変な工事であり、渡し船が望ましいのではないかと思われた。昭和初期には、川の両岸に綱を引き渡し、その綱を船中の者が引いて船を動かす無人渡しがあったようだが、現在そのようなものが出来れば風流でもあり、古道歩きにふさわしいので、ぜひとも設置を望みたいところだ。

この渡し場跡には赤と白の縞模様の測量用のポールが立てられていた。ここから「仏坂」が始まる。杉林の中の薄暗い急斜面を行く。下草が生えていたりしてどれが道なのか判別しにくい。私は気楽に、「もうマムシはいませんよね」

と上野さんに声かけた。すると意外な答えが返ってきた。この場所ではないが、十月二十日に歩いたときには大きなのを見かけられたそうだ。「ハビ」（このあたりではマムシのことをハビというらしい。私の所ではハメという）は冬眠に入っておらず、まだ活動している可能性があるとのことだった。出くわさないことを祈るだけだ。

しばらく上った頃、前を行く上野さんの「どうも道が違うな」という声がした。上野さんは一ヶ月程前に調査でここを上っておられたのだが、そのときの道の印象や植生とはどうも違う感じがすると半信半疑の様子だ。

で、結局のところ勘を頼りに上っていくことにする。下草といっても丈の高いものではなく、前方はしっかりと目でとらえられるので自分の位置も確認できる。山の高さも三〇〇メートルくらいだし、私とすればまあこのまま山の上に向かって行けば何とかなると思っていた。上野さんはしきりに、案内人として申し訳ないことをしたなどとおっしゃって、かえってこちらが恐縮する思いであった。

そうして尾根筋が近づいたとき、「タヌキに化かされた。道がこんな所にあった」という上野さんの声が聞こえてきた。それは道を見つけた喜びの声ではなく、不思議さにタマゲタというようなものであった。

私たちは十三時四十二分に「大辺路街道」と書かれた小さな案内板を発見し、「桂松《かつらまつ》跡」と呼ばれている頂上の平坦地に到着した。普通であれば、渡し場跡から四〇分の行程であるが一時間を要した。上野さんは時間を無駄にしたと詫びておられたが、私は出発点のバス停から、上野さんのおかげでむしろ順調にきていると思っていた。上野さんがいらっしゃらなければ、果たしてあのNo.1の杭のある竹林にすんなりと入れたかどうかは疑問である。これが渡し場跡への道だと確信をもっては入れなかったと思われる。一人で来ていれば口ヶ谷集落でウロウロと、そしてオロオロとしていたに違いない。たとえ、竹林の道に入ったとしても心細い思いを抱えたままの歩行になっていたことだろう。

私はつくづく思う。あのとき、九月十七日の「富田坂」で上野さんらに出会うことがなかったなら、安居からの古道歩きはかなり難儀を強いられていたように思う。ほんとうに幸運であった。堺市から始めた私の古道歩きのなかで、真正面から行き会い、そして話す機会をもてたのは上野さんら一行が最初であった。人の通らないあんな道での出会い。ほんとうに奇《く》しき縁といえるだろう。私は、みなさんとの出会いや、さらに本日いっしょに歩いてくださっている上野さんへの感謝の思いでいっぱいになっていたので、少しくらいの時間のロスなど全く意に介することなどなかった。

「仏坂」を上りきったので、昼食とした。上野さんよりミカンとアメ玉数個をいただいた。上野さんはタバコも酒もたしなまないので、甘いものが好きだそうだ。私はいつもおにぎりとアンパンだけなので、昼食時の楽しみとしてこれからはおやつも持参しようと思った。

昼食時、世界遺産のことが話題になった。和歌山県は、世界遺産として熊野と高野山を申請中だが、熊野古道もその中に入っているとのことだ。ただし、熊野古道といっても今のところ大辺路は候補からもれているようだ。先日も世界遺産に関する会合が中辺路町であり、上野さんご自身、大辺路も同様に世界遺産として申請してほしい旨を主張してこられたそうだ。現在、和歌山県としては世界遺産申請予定資産の一つとして、まだ大辺路を認めていないとのことである。

理由は、大辺路は生活道であって、信仰の道とはいえないこと。歴史的記載がないこと（中辺路の場合、上皇の熊野御幸に関する記録や藤原定家の『熊野御幸記』などがある）。さらに、今まで大辺路街道としての道の整備不十分があげられるとのことだ。上野さんは、「それならなぜ小辺路が申請リストに入っているのか理解に苦しむ」ともおっしゃった。ただし、「今まで大辺路街道は地元でもあまり歴史的に重要な道として意識されていなかったので、これから日置川町・すさみ町を始めとして地元がどれだけこの運動を盛り上げていくかにかかっている」とも付け加えられた。私も、ぜひとも大辺路が中辺路とともに熊野古道として世界遺産に申請されることを願うものである。

十四時五分に「桂松跡」を出発した。ここから「茶屋跡」へは二つのルートがあって、左に少し上って下るのと、そのままっすぐ行くのとがある。左ルートをとれば立て札もあるようだが、両方とも「茶屋跡」で合流している。どちらにしても二〇〇メートルほどの距離なので、私たちはまっすぐに行った。

「茶屋跡」を左に見て三分後には、工事中の林道に出た。新しい林道敷設工事ではなく、もとからあるのを拡張しているようだ。「茶屋跡」から来ると、そのまま道なりにもとからの林道に進んでしまいそうになるので気をつけねばならない。左に「この上大辺路街道」の案内板があるので見落とさないことだ。細い道をちょっと上ると、「一里塚」の石標が土に埋もれるようにある。ここからはウラジロの大群落の中を行くが、道の幅だけ刈り取られているので何とか歩ける。そのうちに右手の方角に日置川町と海が見えてくる。もうマラソン大会は終わったことだろう。ここは物音一つ聞こえず静かである。

しばらく行くと平坦になって、一部分水溜りのようなやわらかい土になっている所があった。上野さんによると、これはイノシシのヌタ場で、彼らは体についたダニなどを取るため、夜になってここに来るのだそうだ。夜にエサをあさる彼らは昼間はどこかで私たちをじっと見つめているとのことだ。ここからの道の所どころに地面を引っ掻《か》いたような掘ったような跡があったが、それはイノシシがミミズを捕るために掘ったものとのこと。今私たちの歩いている道は人間だけでなく動物たちにとっても大事な道なのであろうか。見ると桧の大木が何本もある。あまり人も通わない、このあたりは何ともいえず不思議な空間を形成している。

道は下りになってきた。上野さんはずんずん下って行かれる。あの渡し場からの上りといい、そして今の下りといい、その健脚ぶりには驚かされる。私よりはるかに速いスピードだ。私はいつもよりスピードアップして後からがんばっ

入谷への下り

ていった。そのかいあってか、「桂松跡」から一時間弱で「入谷《いりたに》の不動尊」【第十番】前を通過した。祠の中には可愛いお不動さんがお祀りしてあった。

そこから所どころ石畳の残る坂道を下って行くと、約一〇分で入谷側の「仏坂」の入口に出る。そこには「仏坂上り口」の案内板も立っている。県道二二二号線がすぐそばを通っており、道の向こう側には太間川《たいまがわ》が流れている。ここからはこの川に沿ってJR周参見駅まで下っていくことになる。

上野さんの軽トラックが道脇の空き地に置かれてあった。朝、わざわざここまで車を置きにこられていたのだ。ほんとうに至れり尽くせりの古道歩きだ。乗りなさいと勧めてくださるが、連続して歩くことを大事にしている私とすれば、どうしても乗るわけにはいかず、せっかくのご好意であったが、お断りせざるをえなかった。そして、ここから駅まではわかりやすい道なので、上野さんのお時間をとっていただく必要もなく、ここまでごいっしょしてくださっただけでも十分にありがたかったので、上野さんに車で帰っていただくように申し出たが、承知してくださらない。とりあえず私の横を車でついて行くからとおっしゃってくださった。ということで、私は車の上野さんと古道歩きをすることになった。

右手に「地主社《じのし》」と呼ばれている神域があるそうだが、とくにたしかめずに川沿いのゆっくりした下りの道を進む。入谷バス停を十五時二十六分に通過した。このまま行けばたぶんあと一時間で周参見駅に着くだろう。十七時八分に「スーパーくろしお50号」がある。これは田辺駅からよく利用した特急だ。道は紀勢本線の線路に近づいて、これより川・道・線路が並行に走ることになる。

何軒か家屋が見え出した。ちょうど右手のお家では畑仕事をしておられ、目が合って、私が「こんにちは」と言うと、ご主人から「仏坂からの歩きかな」と返ってきた。

「はい、安居の方から越えて来ました。このあたり歩いたはる人見ますか?」

「うん、時どき見かけるな。この前も高知から来た人がいたで」

おそらく私のように古道歩きをしている者は、服装などからすぐにそれとわかるので、この気さくなご主人は見かけたらよく声をかけておられるのだろう。地元の人にとっても、わざわざここまで来るのはどこから来た者かと関心があることに違いない。それからいろいろな話をしてくださった。

なかなか興味深い内容であった。この大辺路はむろん古くからの主要道であり、何とサーカスの一団も通り、いっしょに象も「仏坂」を越えたとのこと。運動会は小学校単独ではなく周辺の学校が連合して行い、安居の小学校で行われたときには、「仏坂」を越えて参加したこともあったという。昔、金持ちは串本からの場合、徒歩ではなく船を利用したそうで、長沢蘆雪《ろせつ》（円山応挙の高弟。草堂寺に江戸後期に滞在し、今も草堂寺には蘆雪の絵が多数所蔵されている）やその弟子たちの画家がよく通ったのもこの道だそうだ。

私がご主人と話している最中に、上野さんが車を停止させていっしょに話の輪に入ってこられたが、何とそのご主人の娘さんが先生の教え子であった。この後、周参見駅でも「先生！」と声がかかったりして、上野さんはこの地では〝著名人〟である。

なお、『調査報告書西』の「入谷の不動尊」の説明の箇所に、「『入谷の不動さん』と呼ばれ、入谷地区の人が世話をしているが、近年重い屋根石を運び上げて載せたとのことである。野ざらしの古い不動尊が痛んでは建て替えてきたらしく、いまは風雨から保護をうけることになった」とあるが、この「重い屋根石」を「載せた」のが、ほかならぬ今私が会話しているご主人であった。

さて、ご主人らに別れを告げ、私は上野さんの車とともにまた歩き出した。上野さんにははなはだ失礼だが、何だかお供を従えた殿様のような感じでもある。十五時五十分には「徳本《とくほん》上人塔」を右に見て、五十二分にはＪＲの松の本踏切を越えた。線路にほぼ平行に進み、今度は堀切の踏切を越えると墓地があり、「筆子塚」といわれる石塔などがある。続いて「周参見王子神社」**【第十一番】**を目指す。大辺路歩きを始めて熊野古道の王子社に出合うのはこれが最初となる。家々の間の狭い道を行く。くるっと回り込むと川が見え、その手前に鳥居を見つけた。十六時十三分に神社に到着した。人影は見えず、私と上野さんは参拝後、二人で記念撮影した。ここから周参見駅は近い。周参見川に架かる遠見橋を渡り、周参見小学校前および隣にある「代官所跡」を通過し、若宮踏切を越え、周参見駅に十六時二十六分に着いた。

ＪＲ周参見駅は特急も停車するので比較的新しくきれいな駅となっている。京都と新宮を結ぶ夜行バス「ルナメール号」の停留所もある。このバスは新宮に午前六時頃に着くので、新宮へ行く際には今後利用することになるかもしれない。

さあ、これで上野さんともお別れだ。「じゃあ、ここでぼくは特急に乗って帰ります。ありがとうございました」と申し上げると、「白浜まで乗って行きませんか」と言われた。現在十六時半頃。たしか、いつもよく乗る「スーパーくろしお50号」は白浜駅が十七時半頃発のはずだ。上野さんは十分に間に合うとおっしゃるので、私はご好意にあまえることにした。どうせ周参見駅での待ち時間も退屈だし、それに特急券代も少しは安くなるだろう。ありがたいことだった。お礼というにはお粗末だが、私は温かい缶コーヒーを二本買った。

軽トラックの助手席に乗せていただいて国道四二号線を走る。日置川町役場前を通過した。ここからは前回明光バスに乗ったのと同じ道だ。海岸沿いの道を車は走る。車内で、上野さんとはいろいろなことを話したが、私がとくに印象に残っているのは、「もっと勉強したい」とおっしゃったことだ。上野さんは、杜甫《とほ》の詩を愛好しておられるなど、今も旺盛な好奇心をおもちで、本日十分証明されたように健脚でもあり、ほんとうに体も心も元気いっぱいといった感じである。

車は斜陽のやわらかい日差しをうけて走っている。思えば、不思議な「二人旅」であった。これも「熊野古道」に導かれた不思議な縁ということなのであろうか。十一月中旬にしては穏やかな暖かい一日であった。

「上野さん、ありがとうございました」

コースタイム
三ヶ川バス停（25分）口ヶ谷集落はずれの竹林の入口（40分）左岸の渡し場跡（40分）仏坂の茶屋跡（1時間）入谷の不動尊（10分）入谷側仏坂上り口（1時間）周参見王子神社（10分）JR周参見駅

文学に見える南紀・熊野路③

神坂次郎『熊野まんだら街道』

（周参見）

国道四十二号線を車で、白浜をすぎ椿をすぎ、日置海岸をぬけてすさみ町に近づいてくるころから、変化に満ちた海景が行く手にひらけてくる。枯木灘である。

枯木灘―潮岬から西、すさみ町までの約三十キロの海を漁夫たちは、こう呼んでいる。それにしても、すさみ、枯木灘とはすさまじい地名である。すさみは荒《すさ》ぶ海、枯木灘とは激しい海風が沿岸のあらゆる樹木を白骨のように枯らしてしまうという意味である。太平洋の風涛《ふうとう》を真正面からうける海岸は、贅肉を削ぎ落とし、無数の岩礁は黒い背をみせている。ここでは、自然はまだその野生を失ってはいない。

すさみの町は、かつて熊野大辺路街道の要所にあって、明治になるまで口熊野代官所（現・すさみ小学校）が置かれていたところで、町なかにはまだ明治時代の面影がどこか残っている。この町はまた、枯木灘の荒海のなかでただひとつ、小さな入江をもっているところから風待ちの港として栄えてきた港町でもある。

（略）

枯木灘。熊野の海に吹きすさぶ風浪に侵されつづけた海岸。人間の甘えなど通用しない荒れ狂う濃紺の海。その海になだれ落ちる熊野山塊。陸はあっても平地はなく、海はあっても良港はない。が、人びとはここでも強烈に生きてきた。五トンのケンケン舟に乗って朝鮮海峡から津軽、房総の沖へ出かけるのも、海を越えてカナダへ密航し、サンタマリア平原の野菜王になったのも、枯木灘の漁夫たちであった。大阪の煮豆業界を制しているのも、この海に育てられた四百人の煮豆屋さん集団である。

海岸の樹木が、どれもこれも内陸にむけてひんまがるような、強い海風のなかで生きつづけている人びとの生活は苛酷だが、その表情は明るい。「しぶしぶしとっては生きていけん」のだ。男たちを海の彼方に送ったあと女たちは、子や孫のために、たくましい生命力を罩《こ》めて子守唄をうたう。

〽ママにならぬと　おひつを投げる
そこらあたりは　ママだらけ

枯木灘の子守唄

◆**神坂次郎**《こうさかじろう》（一九二七～）
和歌山市生まれ。八二年『黒潮の岸辺』で日本文芸大賞受賞。八七年『縛られた巨人―南方熊楠の生涯―』で大衆文学研究賞受賞。他に『今日生きてあり』『元禄御畳奉行の日記』などがある。熊野関係とすれば、『熊野まんだら街道』『熊野御幸』『熊野路をゆく』など。梅原猛との対談『熊野太平記』もある。

四　古道の尾根道のなかで最高の景観と思った私

—海を眺めるやすらぎの道—

周参見《すさみ》から江住《えすみ》へ〔長井坂越え〕

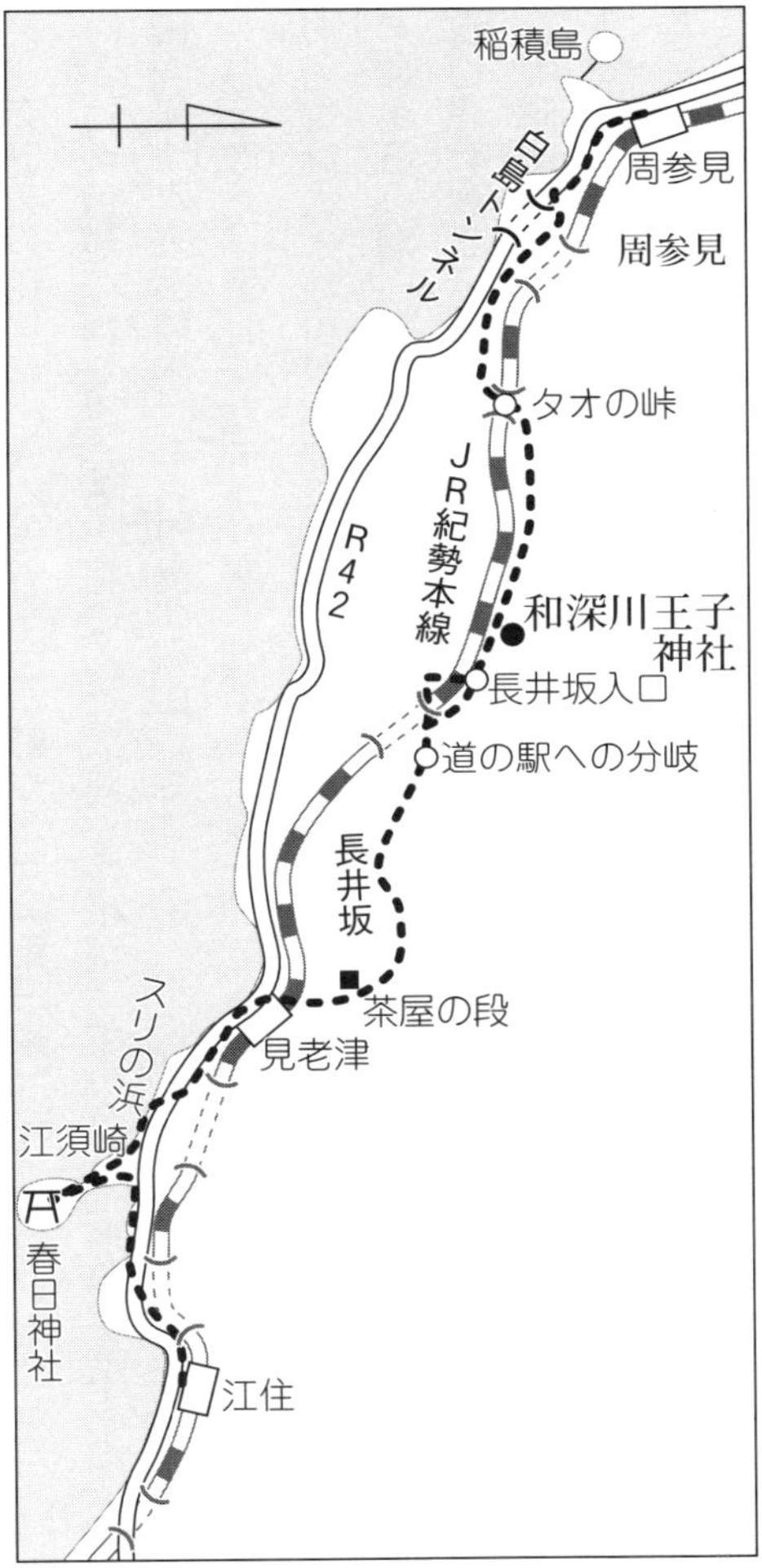

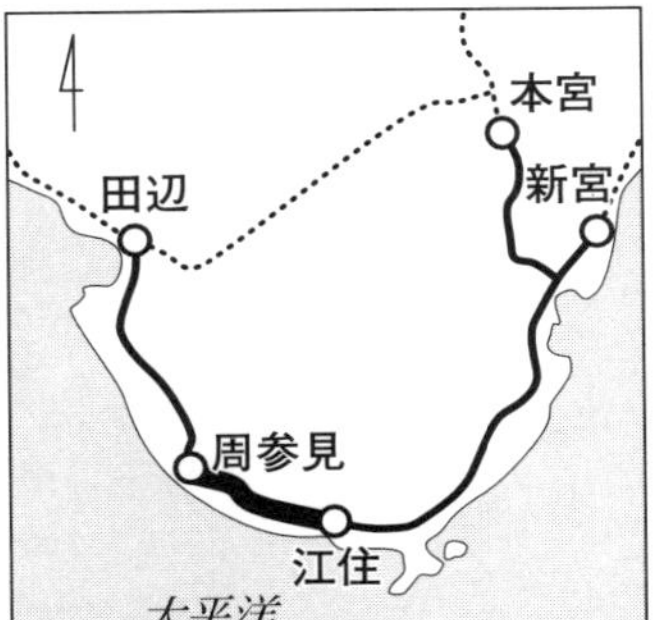

【歩いた日】
二〇〇一年十二月二十三日（日）　**晴れ**

現在、「スーパーくろしお1号」がJR紀伊富田駅を過ぎて富田川を渡り終えたところだ。「草堂寺」の大屋根が視認でき、富田坂の位置もおよそ見当がつく。植林地帯の緑のなかに所どころ赤く紅葉している木々があるあたりであろう。九月に歩いたあの坂も今はどのような様相を呈しているのであろうか。

車内は本日の好天のせいもあるのか暖房もよくきいている。まもなく紀伊日置駅を通過し、鉄橋を渡っている。私にとってはここからはまだ紀勢本線に乗ったことがない区間となる。どんどん南に来ているなということを実感する。周参見駅には十時二十九分に着いた。降りた人はほんの数人であった。

駅の改札を出た所で、上野さんとお会いした。今回も上野さんとの二人の古道歩きとなる。わざわざ私のために来てくださって、ほんとうに頭の下がる思いである。

まずは国道四二号線に出た。道沿いには釣り宿がいくつかあるが、宿前に車が何台も駐車してあるので、連休二日目の今日は釣り客も多そうだ。車のナンバープレートも大阪からのがほとんどだ。港の方を眺めると、稲積島《いなづみ》が丸く見え、弁財天の鳥居は小さくとも朱色が鮮やかだ【第三景】。ゆるい坂道にかかる。この浪越の坂を過ぎると目の前に大海原が広がっている。「近畿大学水産研究所すさみ実験場」も右手奥の方にある。

海は青く、手前の方には岩礁が点在してあり、岩の上の釣り人も見える。沖の方では大きい船が二隻望め、うち一隻は大型フェリーのようだ。進んでいるのであろうが、じっと止まっているように見える。本日は小春日和で、早春の海を思わせる。国道が左に大きくカーブすると左手上方には紀勢本線が走っている。生コンの工場があってそこから山側に入っていく。すぐに線路の下をくぐり、続いて線路と並行に歩く。

馬転坂へは工場右から入る

突然、上野さんが線路の方に上って行かれた。「馬転坂《うまころび》」への上り口だ。線路を渡り梅林のなかを上る。よく手入れされてある梅林で、大きなビワの木もあり、上方では葉を落として実だけになった山柿が美しい。すぐに山道になる。しばらくは道らしきものであり、古い電柱も倒れていたが、そのうちシダの生い茂る道となる。上野さんは慎重に足を運ばれている。たしかめるように歩いていくと見晴らしのよい所に出た。山肌が露《あらわ》になった土地造成の跡地だ。残念ながら古道はここで消滅してしまっている。私たちはそこから旧道（旧県道）に出た。そのまま周参見駅方面に引き返すように下って行くと、国道の白島トンネルの出入口手前に合流する。続いてトンネルに入っ

ていく。
白島トンネルを出ると右に海が広がっている。そして出てすぐの所、左側つまり山側の道脇にお地蔵さんが祀られてある。光背に「天明六年八月廿四日」の銘のあるこのお地蔵さんは、もと馬転坂にあったもので、今は左右にソテツが植えられ、海を向いて陽光をいっぱいに浴びている。そこから海を眺めながら進んで行くと、左から旧道が合流してくる。白島トンネルは広いとはいえ、トンネル歩きはあまり気持ちのいいものではないので、トンネルを避けての旧道歩きをお勧めしたい。

海は、国道からのぞき込むと青く澄んでいた**【第四景】**。冬なので魚影はなかったが、磯の水溜りはそこだけ見れば渓谷の清流を思わせた。やがて西浜集落にさしかかり、小さな橋を渡った後左折して国道と分かれる。右手には庚申《こうしん》石像がお祀りしてあったりと古道の雰囲気がしてくる。やがて道は二つに分岐するが、右側を行くと紀勢本線が見えてくる。そのまま線路と並行して歩く。ゆるい坂となり、タオの峠を越える。この峠の下はトンネルとなっていて線路と立体交差する形となり、今度は右手に紀勢本線を眺めることになる（タオの峠付近には山中に古道が残っているようだが、とくには歩かなかった）。

上野さんは、大辺路の調査をされて長いが、「歩くたびに、昔の道というのは、近いように近いようにと最短距離を結んでいる。昔の人はよう考えている」とおっしゃった。協和小学校跡は十二時十三分に通過した。道を下った所で右からの口和深《くちわぶか》からの道に出合う。右手山側を紀勢本線が走っている。和深川を真ん中に挟んで、紀勢本線と対称的な位置に和深川集落が道沿いに延びている。いわゆる河岸段丘になっており、車も往来しないのんびりとした古道の風情ある所だ。

本日唯一の王子社である「和深川王子神社」**【第十二番】**には十二時三十七分に着いた。朱色の木の鳥居があり、石段を数段上った所に社殿はあるが、境内はそんなに広くない。道のそばにはナギの木があり、そのほかイチイガシ・スダジイ・クスノキ・スギ・ムクノキなどの大木に囲まれた王子神社は素朴さを感じさせ、古道によく調和している神社であった。木の下の葉欄《はらん》もなかなかよかった。

神社から一〇分ほど行くと、地元の人の製作であろうか立て札があった。「熊野古道鉄道渡り左折」とある。線路を横切るが、都市部と違って電車の本数も極端に少ないので危険はないだろう。続いて和深川に架かる手すりもない板を張っただけの細い橋を渡り左にとると、いよいよ長井坂（長柄坂とも）にさしかかる。ちょうど横を「くろしお9号」が轟音を響かせてトンネルに突入していった（二〇〇二年四月二十四日付けの「紀伊民報」は、JR線路を横断せず、長井坂への進入路が完成したと報じていたが、ウォーカーにとっては嬉しいことだ）。

熊代繁里の『熊野日記』には「和深川の里をすぎ長井坂にかかる。此坂もみちいとけはしく、一里あまりがほど人家なし。あへぎあへぎこえて、三老津の里にてしばしいこひて」とあるように、古来難所と知られた坂である。また日記では続けて「ここより浦づたひに磯山を上りくだりつつ、午後江住の里につく。周参見よりは四里とぞ」とあり、周参見を発して江住に達しているが、これは本日の私の行程と重なっている。私は今夜、JR江

和深川王子神社を目指す。（後ろ姿は上野さん）

住駅近くの民宿に泊まることにしていたからだ。

約二〇分の急登を終え、尾根にたどり着くと分岐点があり、右は口和深への下り道となる。ここからの尾根道を数分行くと、「道の駅イノブータンランドすさみ」からの道が右から上ってくる。ここから約一時間、「茶屋の段」への稜線は平坦で歩きやすい道であった。木のトンネルのような感じであるが、木は細いうえに、高くなくて明るい道である。梢越しにも海がよく見える。海の眺めとすれば、今までの私の古道歩きのなかでも最高であろう。海と並行して山道を歩くのはおそらく初めてであろう。

自然としてはこれで申し分ないが、惜しむらくは木のベンチや歴史的遺物など人工物がないことである。この長井坂には王子跡（社）が存在しないが、熊野古道にはやはり祠が似合う。新しく祠をお祀りするのは無理かもしれないが、歩く楽しみを増やすためにも、例えば案内板設置等が望まれる。「陸の黒島・沖の黒島ビューポイント」「見老津《みろづ》港ポイント」「潮岬の望見所」とかはどうだろうか。また、「すさみ八景」があるのなら、「長井坂八景」として歴史等の説明立て札もいいかもしれない。この後通過することになる「段築《だんちく》」の案内板もほしいものだ。

段築

さて、上野さんと私は遅くなったが、昼食にした。落ち葉の上に腰かける。日差しはやわらかい。この道はどこでも休憩に最適の場所となっている。上野さんは「この尾根道のように整備されればいいのに」というようなことをしきりにおっしゃっていた。富田坂や仏坂や馬転坂等を意識しておられるのだろう。また、退職後ヘルニアで患ったとも話され、勝浦の温泉病院にも療養に行ったりして、リハビリも大変であったとのことだが、それにしてもそんなことを感じさせない上野さんの、長井坂をものともしない達者な足の運びであった。昼食を一〇分あまりですませ、出発してから五分後に「段築」にさしかかった。「段築」とは尾根の鞍部《あんぶ》の窪みを補って平面になるように盛り土されたものをいう。これによって通行が平地と同じくらいに楽になるしかけだ。道幅は一メートルあまりで長さは五〇メートルくらい、高さは高い所で一・五メートルくらいの工事である。この「段築」を通り、さらに三分後にもう一つの「段築」を通過した。

このあとの道には石畳も見られたが、イノシシのエサのあさり場も数えきれないほど見つけることができた。上野さんに教わったように土を掘ってミミズを捕っているのだが、ここのイノシシのあさった後は、前回の仏坂よりもはるかに多いように思われた。

そこからの道はさらに展望もよくなり、「見老津港」**【第五景】**も見えてきた。海に突き出た長く低い台地のようなものがはるかかなたに見えた。「潮岬」である。薄い黒色でその姿を海に横たえていた。私は「潮岬」を見るのが初めてであった。なるほどたしかに目立つ。さすが本州最南端である。漁師にしても陸を行く旅人にしてもいい目標になったことであろう。私は明日、あの岬の根元の町の串本まで歩くことにしていたが、「潮岬」を望み、感動と同時に道のりは遠いなあと嘆息せざるをえなかった。

石段や石畳が時折顔を見せてくれる道を下って行くと、県道二二五号線に出る。分岐を示す立て札があった。ここには通信塔であろうか二つ立っている。「すさみ八景長井坂　熊野枯木灘海岸県立自然公園」の案内板もあって、そのそばには背の低い道標があり、「みぎハやまみち」「ひだりハくまのみち」と刻されている。このあたりが「茶屋の段」と呼ばれ、江戸時代の末期に茶屋があった所だ**【第十三番】**。

県道を少し下ると、垣根をくぐって右に入るように立て札がある。これに従いまた山道に入る。石畳が所どころ残っている道を一気に下っていく。約一〇分あまりで見老津側の上り口に着いた。上り口には杖がたくさん置いてあった。

すぐに紀勢本線の踏切を渡って国道沿いをほんの数分行くと、ＪＲ見老津駅に到着した。上野さんはここより江住方面にもう少し行った所に車を置いておられた。ご親切にも江住までいっしょに行きましょうかと言ってくださったが、もう山道はないと思われ、国道歩きがおもになるので、多少道に迷うことはあっても大間違いはしないだろう、ということで遠慮申し上げた。上野さんは名残惜しそうなご様子で、また串本から歩くときには連絡してほしいとおっしゃって、軽トラックに乗って帰られた。

上野さんとお別れしてからまずは「殿様坂」の「坂の地蔵さん」を目指す。地元の人数人に訊いて地蔵さんを探しあてた。国道は港の端を跨いでいるが、国道よりほんのちょっと山寄りで、見老津小学校の下あたりに行って人に訊けばよいだろう。私はその坂を上り、小学校まで行ってみた。「狼煙《のろし》場跡」「遠見番所跡」があるというが、校庭にいた小学生に訊いても確認できなかった。その小学生たちは数人で野球に興じていたが、私の質問に対してていねいに応対してくれた。最後にはボールを放りながらも「さよなら」と言ってくれたりして、私は気持ちよく学校をあとにしたのだった。

小学校の正門から出て国道に合流し、国道を約一〇分ほど歩く。「浜松まで336K」の表示があり、右手海側に喫茶軽食の店の横を入って行く。家が何軒かある中を行って右下に竹や木々の中の急斜面を下りきると「スリの浜」になる。今では釣り人がこの坂道を利用しているのであろう。今回の歩行は海を横に眺めながらということが多かったが、こうして砂浜に降り立ってみると大辺路の魅力もよりいっそう際だってくるようだ。

中辺路は川沿いの道であるといえる。小広峠まではおもに富田川・日置川と並行に進む。また小広峠を越えてからも湯川川とか音無川に沿って歩くことが多い。一言でいえば山や谷に沿うようないわば縦断する道といってもよいのではないか。したがってアップダウンの起伏も少ないということだ。

ところが、大辺路はというと、これは山越え・海岸歩きの道である。川も渡し場があって川を横切っていく。例えば富田川の血深の渡し、日置川の安居の渡しというように。富田坂・仏坂・長井坂の上り下りのアップダウンも厳しいものがある。海の道もいったん海に降りねばならない。つまり大辺路は横断の道といってよいだろう。だから旅人は難儀を強いられ、その結果として、いきおい船が使われることになる。それに比べ中辺路は歩きよい道であり、川船も使用されず、今に至るまで旅人は歩き続けてきたのだろう。大辺路を歩く人が少ないのも首肯《しゅこう》せざるをえない。

現在でも、紀伊田辺から車で新宮に行く場合、特に串本方面に寄る必要のないときは、整備された運転のしやすい国道三一一号線を利用するはずだ。国道四二号線は現在起伏は激しくないが、海岸線の地形に合わせているので直線的に走れず、蛇行を繰り返しながら行くので時間もかかってしまう。

ということで、大辺路は訪れる人が少ないのももっともなこととといえる。が、だからこそ大辺路には時代の流れとは別に残されているよさもあるのではなかろうか。これから私はそれを発見したいと思う。先ほどの見老津小学校の子どもたち。休みの日であって自分たちよりほかには誰もいない校庭。見知らぬ〝オジサン〟から声をかけられても、少しも警戒する様子もなく、こちらから挨拶もしていないのに、「さよなら」と先に言ってくれたことは、正直いって驚きだった。こんな人情や心がある。これが一つの収穫であった。

さて、「スリの浜」の大きな岩に腰かけて私はしばらく休憩した。左手方向には江須崎《えすざき》がよく見えている。風はないものの釣り人は誰もいなかった。海には歩けそうな平らな岩礁が広がっている。私はそこまで行ってみることにした。岩は海水に濡れていなかったので滑らずに歩ける。水溜りに魚はいないかと目をこらして見たが、夏のようにさまざまな魚の遊んでいる光景はなかった。寂しく冷たい磯の水溜りであった。

江須崎に向かって歩き出した。赤い実のついた野イバラが地面を這っており、時どき足を取られる。背の低いアザミもまだ咲いている。色彩の少ないなかでの薄い赤紫色は何となく嬉しさを感じさせてくれる。「スリの浜」は砂利浜であるが、枯木灘の波に洗われたために角のない丸い石ばかりである。砂利浜は足元が堅くないので意外と歩きにくい。昔の人にとって、現代人のようにいい靴のない時代の山道は険しく厳しいものであり、このような海岸もまた辛い道であったのかもしれないなと思った。

私は浜を歩きながら上り口はどこかときょろきょろしていた。人の踏み跡らしきものがあったのでそちらの方向に行くと上に通ずる道があり、上り終えた所に「江須崎バス停」があった。横にヤシの木が数本あり、江住海岸公園の「エビとカニの水族館」や「日本童謡の園」という看板が立っている。時刻は十六時半に近い。閉館かもしれないなと思いつつ「エビとカニ水族館」に行ってみた。なるほどエビとカニだけの水族館である。そしてそれぞれの水槽には里親の名が記されている。また里親募集とあり、おそらく管理費用等をその「里親」たちが寄付しているのであろう。入館は無料であったが、「チョッキン箱」というのがあって支払いたい人はどうぞ入れてくださいということだったので、私は五〇円入れた。入館料を払った人にはお土産ということで、貝殻等を自由に持ち帰ってよいことになっていたので、せっかくなので小さな巻き貝の貝殻をいただいた（今は私の本棚の中にちょこんとのっている）。

地形的にいうと江須崎は、周囲約四キロの陸続きの島、いわゆる陸繋島《りくけいとう》と呼ばれるものである。暖地性植物群落は国の天然記念物に指定されている。その江須崎には江住海岸公園の先端から橋梁で結ばれている【第六景】。私は公園から階段を下りていった。堤防の切れ目から江須崎への道はあり、海岸を歩くような感じで進んで行き、鳥居をくぐり、「春日神社」【第十四番】に向かう。夕方ということもあるが、境内一帯は鬱蒼《うっそう》としている。お参りしている人影もない。本殿は奥まった所にあり、ウバメガシなど暖地性の常緑樹が周りを覆っていて自然林のなかのこの神社は神秘的に感じられた。漁民の信仰を集めたといわれているが、神社および神社の杜、そしてこの島の雰囲気から十分納得できるものである。

私はお参りをすませ、また海岸の橋梁に出た。ちょうど夕日が沈もうとして

エビとカニの水族館

いた。大きな夕日であった。船も橙色を背景に黒い影となっている。夕日と反対側には潮岬が延びている。ここは朝日夕日ともに見るには最高のポイントである。魚も群れ泳ぐような暖かい季節に訪れたいと思いながら江須崎をあとにした。

公園への階段は上らず、堤防に沿って江須之川の集落への道を行く。もうすでに薄暗くなっており、いくつかのお地蔵さんも祀ってあるというが確認できなかった。やがて上り坂となり、国道をくぐって国道に合流する。そのまま行き、江住中学校前を左に入り、道なりに進む。再び国道に出る。坂を下って行くとＪＲ江住駅が見える。私が泊まる民宿「さとみ」は国道右側にあった。本日の歩行は十七時十分に終了した。

明日はいよいよ串本だ。夕食に出たオコゼの唐揚げがおいしかった。潮の響きを聞きながらの就寝となった。

コースタイム

ＪＲ周参見駅（30分）西浜〔口和深〕（40分）和深川王子神社（10分）長井坂入口（30分）道の駅への分岐（１時間）茶屋の段〔電話通信塔〕（30分）ＪＲ見老津駅（40分）江須崎〔日本童謡の園〕（５分）春日神社（30分）江住の民宿〔ＪＲ江住駅付近〕

文学に見える南紀・熊野路④

中上健次『紀州　木の国・根の国物語』

（和深）

和深。

そこは串本から西北に向かう海岸線にある。海岸には名前がついている。枯木灘海岸。枯木灘現象という言葉がある。海からの潮風が間断なく吹きつけるこの枯木灘沿岸で、作物のほとんどは育たない。木は枯れる。辛うじて潮風の当たるそこではえているのは、マーメともバベとも言う類の木である。枝は歪み、葉のほとんどは落ちている。国道沿いの家の塀の中に植わった梅の木ですら、海寄りの部分だけ、葉がすっかり落ちてしまっていた。

枯木灘海岸近辺は、平地がほとんどない。山が崖っぷちになっていきなり海につき出す。和深はその崖と崖のくぼみの奥に出来た細長い平地である。

海はある。海岸線に人が住み、人の眼に、海はいつも開けている。だが、良港はない。その和深の海岸に立ち、延々と広がる海の弧を描いた水平線を見ると、自分が陸の中に足どめされているのだとも思う。いや、潮風を受けて崖に立っていると、自分が葉を落とし枝が歪み、幹の曲がった樹木のような気がしてくる。男らが水平線を越えて外へ出て行こうとするのも納得できるし、女らが他所《よそ》の土地へ行こうとするのもわかる。確かに他所の土地の者の眼でみると、日であらわれ、海が日をはねるその光景に心洗われもする。海にせりだし波がしぶく崖、それらは、〝観光〟の対象として人目にさらして充分すぎるものがある。

◆**中上健次**《なかがみけんじ》（一九四六〜一九九二）

新宮市生まれ。本名は「なかうえ」と読む。郷土の紀州熊野の複雑な血族関係の葛藤がメインテーマとして作品に反映されている。『岬』で戦後生まれ最初の芥川賞受賞。他に『枯木灘』『鳳仙花』『地の果て　至上の時』『千年の愉楽』『熊野集』など多数。平成四年八月十二日に死去。新宮市の南谷墓地で眠っている。（墓石の写真はグラビア「新大辺路四十八選」の「南谷墓地」29頁にあり）

五　とにかく国道から少しでも離れようとした私

江住《えすみ》から串本《くしもと》（袋《ふくろ》）へ

—潮岬を目指す道—

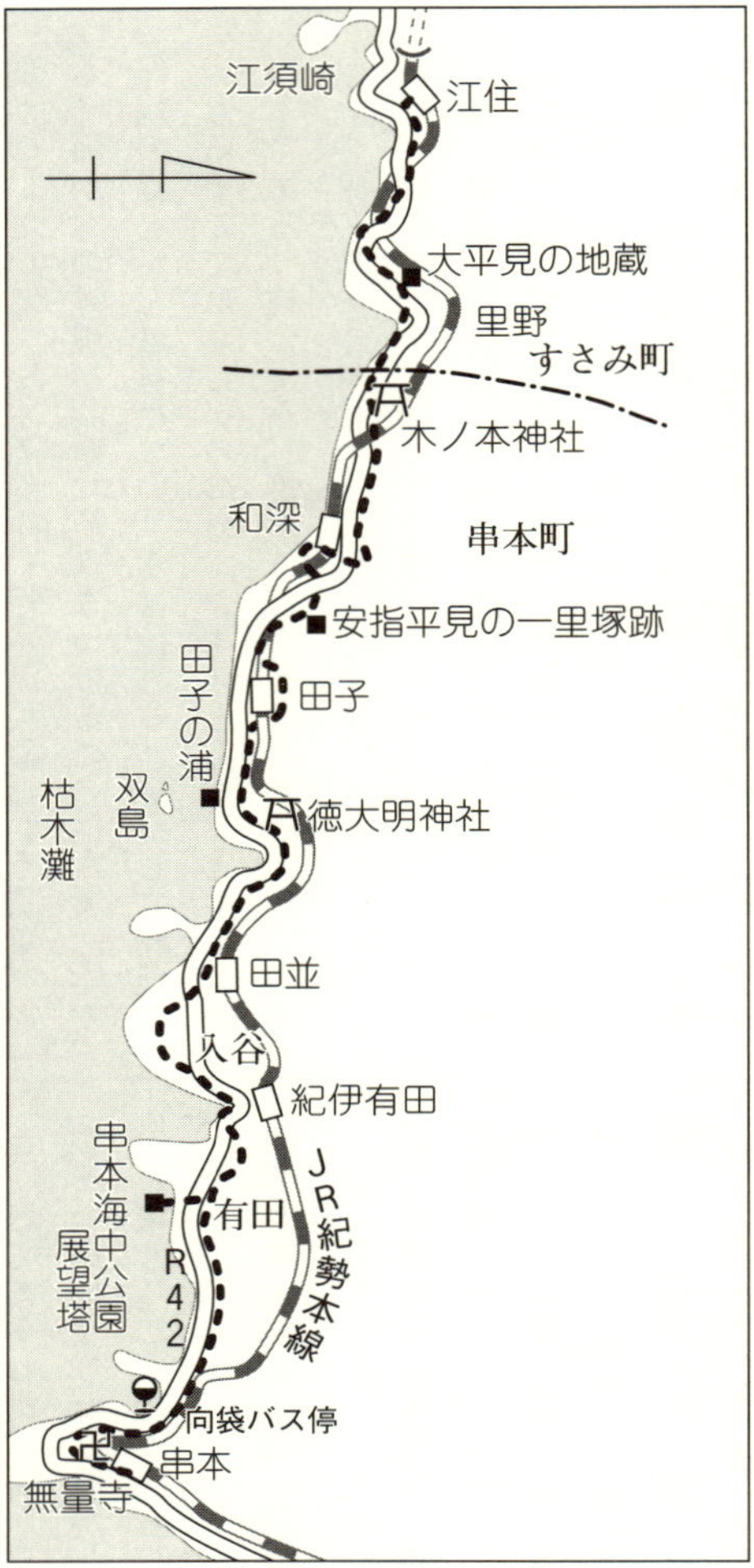

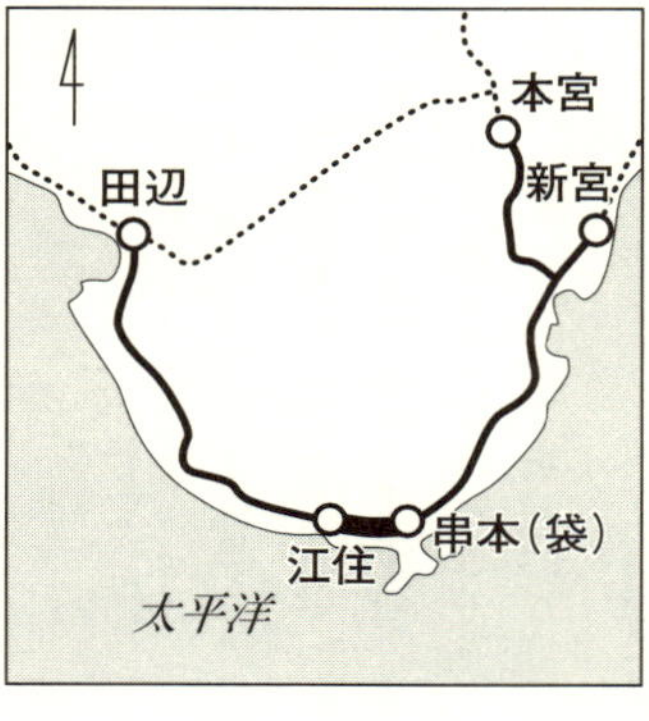

【歩いた日】
二〇〇一年十二月二十四日（日）
晴れのち雨

民宿は七時五十分に出た。さわやかな朝で、海も穏やかだ。まずJR江住駅に行く。江住タクシーも駅前にあり、何かのときには利用できそうだ。線路に沿って歩いているうちに国道に合流する。磯には釣り人の姿もぽつぽつ見える。国道を進む。本日はこのように国道歩きが主体になるかもしれないが、車には十分注意して行きたいと思う。左に紀勢本線をまたいで今度は右側が鉄道となる。そのまま進んで行くが、歩道もないうえに横を通過して行く車のスピードも出ていて気持ちいいものではない。バス停水源地手前にお地蔵さんが祀られてあり、そこを過ぎて右に細い道に入る。振り返ると江須崎が見えている。家の間の狭い道を行って線路を渡る。左にはトンネルが見えている。

しばらく民家の間の道を行くとそのまま国道に合流し、また国道を進む。料理屋等の民家が現れ、左に入る。正面には高市山であろうか、三角形の山が特徴的だ。右斜め前方には潮岬も見えてきた。そのまま国道と並行に行き、また国道に合流する。左にお地蔵さん二体が祀られていて、大平見の集落となる【第十五番】。無人販売所もあって漬け物や野菜などが並べられている。花の出荷場が右手に見え、国道脇には「…吉松翁顕徳碑」が建てられている（姓は読めずに不明）。そこから国道を離れて右下に下っていく。ほぼ河口に近い橋を渡り、また国道に出る。看板があって「またおこし下さい　すさみ町」とある。現在八時三十八分。ここはすさみ町の南端里野である。海水浴場があって国道はそのそばを通っている。行く手には小さな岬があり、古道は海岸の磯辺を伝っていたというが、国道を歩くことにする。

上り坂で、前からきた大型トラックの風圧で帽子が飛ばされた。どの車もかなりの速度で下ってくるので緊張しながら進む。ドライブインがあり、そこを過ぎると海もよく見える。空は雲に覆われているが、ある所だけ雲が薄いため日光が注いでいてスポットライトが当たっているように見える。船もたくさん行き交っている。下りになって、左から紀勢本線と並行になる。さらにどんどん下っていくと、「ようこそ串本へ　本州最南端の町」の看板が目に飛び込んでくる。ついに私の古道歩きも串本に入ってきた。少し行くと左に急坂があり、そこを上ることにする。途中墓地もあったが、上りきった所に集落があった。国道と並行に道は通じていないようであるし、ちょうど神社の小さな杜らしきものがあったので、国道方面に下っていくことにする。国道が真下に見える所に「木ノ本神社」【第十六番】があった。ここに立て札、または青い石碑でもあれば、王子跡かと思える感じの神社であった。

神社の前の急斜面を下っていくと、雨島のバス停に出た。国道を進んで行くと、左に大きくカーブして熊谷《くまだに》架道橋と書かれた紀勢本線の下をくぐる。この手前の国道海側には小さな鳥居と祠があった。海の神様を祀っているのであろうか、吹きさらしの所で波風に耐えているであろうその姿は、たとえ小さくともすごいものだと思えた。

国道をそのまま進んで行く。ＪＲ和深駅が国道右斜め下に見えてきた。ちょうどパンダの絵を描いた二輛編成の下り列車が入ってくるところだった。やがて国道は和深トンネルにさしかかる。旧道はこのトンネルの入口の上方を横切っており、左に折れて上っていく。東地集落が見えてきて、集落内の細い道を行くと下りになり、幅のある道に出る。そのまま横切って急斜面を下る。下り終えた所が「舟並港《ふななみ》」である。二分口《にぶぐち》役所跡があったという（二分口役所とは、川や海による輸出入の物品に対して検査し、税を課す役所のことで、税として二分の代銀を納税させたことから名付けられている。江戸時代慶安の頃から始まった制度である）。

「舟並港」から海と反対側の道を行くと、紀勢本線と国道下をくぐり終え、すぐに右にとる。しばらく行って上り坂となって、国道に合流する。そのまま進んで行き、新田平見のバス停を過ぎた頃、旧道とおぼしき道が左から出てくるが、石コロが転がっており、ガレている箇所もあったので途中で引き返し、また国道を歩く。次の目標は「安指《あだし》平見一里塚跡」**【第十七番】**である。安指平見のバス停があったので左に少し上る。四つ辻になっていて右折した。探すのが難しいように思えたので、家の改修工事をやっている人が数人いたので訊いてみることにする。

私は、工事の人は仕事中であるし、地元の人とも限らないのでご存知ないだろうなという心づもりで声をかけたが、そのうちのお一人の方が古道歩きをされていて一里塚跡もよく知っておられたのは幸いであった。長井坂もよく歩かれているそうだ。来年一月三日にも歩かれるそうだ。「舟並」「安指」の読み方も教えていただいた。そして私が持っている『調査報告書西』も所有しているとのことであった。私が大阪から来たと言うと、遠い所をよく訪ねてくれたと大変喜んでくださった。そこから道はちょっと左に下ることになるが、下る

舟　並　港

手前の道を左に上がればいいとのことであったが、案内板でもないかぎり、わかりにくいので地元の人に尋ねるのが一番だろう。

人が一人通れるくらいの石段を上っていくと、右手に数メートルくらいの木が密生している所が見えたので見当つけて行ったところ、木々の向かいにお地蔵さんが祀られていて、このあたりが「一里塚跡」と知れた。そのまま道なりに進んで下ると、先ほどの道に合流する。

その道を谷に下りきると、紀勢本線のトンネル出入口が見えてくる。続いて川を渡り、道なりに進んで行くと、国道に接するがまたすぐに左に入る。大きなシイの木が何本もある所が見え、神社かなと思ったが、違っていた。しかし、そのそばを通って細い道を行くといい道があった。たぶん古道ではないのだろうが、雰囲気は古道にピッタリという道で、今回の歩行中風情とすれば申し分ない道であった。しばらくいい気持ちで歩いていくと、線路下をくぐって国道に出た。その時、上りの「くろしお」が疾走していった。時刻は十時四十七分。この列車は昨日私が周参見駅まで乗車した「スーパーくろしお1号」だ。一人でこのように歩いていると、列車にまで親しみを感じた私であった。

赤瀬小学校前の信号を左に折れ、そのまま上りそして下って行くと、線路脇に出てJR田子《たこ》駅に十時五十五分に着いた。この田子駅のホームからは潮岬が近くに見える。下り列車が入ってきた。紀伊田辺行きの五十七分発の普通列車だ。私は潮岬の写真を撮った**【第七景】**。列車が出ていった後、私もホームを離れた。田子駅のそばの道を行く。しばらく進んで右に線路をくぐって国道に出る。一五分で田子バス停に着いた。自販機で缶入りの紀州南高梅の梅ドリンクを買って浜に出て休憩した。潮岬を眺望しながら、中辺路は王子（跡）という連続する目標があるのにたいし、この大辺路は潮岬という一つの大目標があるからこそ歩けるような気がした。

さて、休憩しながら潮岬をこの目にしっかりと焼きつけた私は、気持ちを新たに歩き出した。ずんずん進んで行くと、潮岬の先端の切り立った岩礁までもが見え出してきた。右手に「双島《そうしま》」という二つの島が大きく眺められる

双島。左には潮岬が見えている

ようになった。そのうち大規模なドライブインがあって、海辺には「枯木灘公園中心地　南紀田子の浦」の石標もある。台風のときには海岸沿いの国道にも大波が押し寄せるのであろうが、今日の海は静かな表情を見せていた。

ここからも海の真横の国道歩きとなって進んで行くと、右手側に広くなった所があり、「徳本上人碑」があり、そのそばにも小さなお地蔵さんが祀られていた。ちょうど防波堤の切れ目があり、危険な国道よりも安全な浜を歩いてみることにした。実際に歩いてみると歩きにくく、浜は平らでなく斜面になっており、時間がかかった。行く手を特急「くろしお」が周参見方面に走り去っていった。防波堤への上り口があったので、浜歩きもしんどいものだなあとちょっと後悔しながら上っていった。道を挟んだ向かい側に「徳大明神社」があった。ここは江田集落である。時刻は正午の一〇分前ということで、喫茶軽食のお店があったので昼食をとることにした。

昼食後の空は全体灰色の雲に覆われ出した。急いだほうがいいかもしれないと思いつつ国道を歩く。嬉しいことに、この江田からは国道に歩道がつけられていたので、串本まではほぼ安全に歩くことができた（周参見〜串本間で最も車に気をつけるべき区間は田子〜江田間と思われる。景色もよく、車のスピードも出ているので細心の注意が必要だ）。

バス停田並《たなみ》団地前は十二時五十分に通過した。続いて右に田並橋が出てくるので渡り。しばらくは国道ともお別れだ。渡り終えて一般道からそれてすぐに右の山道を上っていく。二、三〇メートル前を老婦人が手を後ろに回して腰のあたりで組んでゆっくりと上っていく姿が見える。今でも近道として地元の人は利用しているのだろう。石段のあるいかにも古道といった雰囲気の道である。上りきった所で婦人に追いついた。入谷への旧道を訊くと、先ほどの一般道を行ったほうがよいとのことで、茶屋の段も婦人は知っておられたが、わかりにくいので行かないほうがいいだろうとのことだった。

そして、婦人は畑に柵が厳重にしてあるのを指して、これはサルとイノシシのためにしているとおっしゃった。彼等は夜にたくさん出没するとのことだった。夜は猟が禁止されているので撃つこともできないようだ。実際、夜に発砲するのは人間にも当たるので危険とのこと。さらに、昼間に畑仕事をする場合などは目立つ色の服を着ているといって、婦人は自分の着ていたベストの裏を見せてくれた。オレンジ色であった。畑仕事のときは裏返して動物と間違われないようにしているのである。田畑を荒らすイノシシやサルはたくさんいるようだが、いったいどれほど生息しているのだろうか。稀少生物が姿を消すなか、彼等はますます増えているとのことだ。このあたりでは自然は豊かに残ってはいるものの、動物との〝戦い〟に明け暮れる日々であろう。つくづく大変だなあと思う。

結局一般道を行ったが、車の通行がないこの道はいつもの私であれば歓迎すべきことであるが、今回は違った。イノシシやサルたちがどこかに身をひそめ、こちらの様子を窺っているかと思い込んでしまうと、歩いていても不安であった。この道は舗装もされているし、国道からも離れてはいないのに寂しい道であった。不法投棄された何台もの車の無惨な姿にも余計に不安な気持ちをかき立てられた。私は前方だけを見つめ、入谷集落に向かって下っていった。雨がポツリポツリときだしていた。

十三時四十七分入谷に着き、国道に出た。国道を進んで行くと、有田の集落に入った。行く手には国道の逢坂《おうさか》山トンネルも見えている。人に訊くと旧道が逢坂峠越えをしているとのことで、さらに、徳本上人の石碑はそのトンネル手前にあるようだ。国道の左側を歩いて行くと、道脇で石碑は容易に見つかった。そして、ここ貝岡地区の人に訊いて道分けの道標**【第十八番】**も見つかった。「左いせみち」「右やまみち」とあり、伊勢の名前を見たのは大辺路歩きを始めて最初である。この道標はもとあったと思われる所に祀られているが、その場所は何とコンクリートの防御壁の切れ目で、道より一段高くなった所である(道標の背後が急な崖となっているため工事がなされている)。

その道標から逢坂峠越えの旧道に通じる狭い坂道があって、そこを上っていく。旧道に出て、左にゆるやかな坂を行くと、右手斜面にお地蔵さん（北向地蔵）が三体祀られている。祠も斜面の岩場に半分はめ込まれた形でしっかりとしたものである。周囲の風景と溶け合っていて、この二日間に出会ったお地蔵さんのなかでも一番心惹《ひ》かれるものがあった。思わず近寄って鈴を鳴らしてお参りした。このお地蔵さんの向かいには木のベンチも設置してある。老人たちの憩いの場になっているのだろう。

お地蔵さんに別れを告げ、峠を越えて再び国道に合流する。傘をささないといけないほどに雨が降ってきた。串本海中公園の建物が正面に見えていて、下り坂を急ぐ。十四時十七分に公園に到着し、温かい缶ココアを飲みながら一〇分ほど休憩した。ここには「澤信坊の道標」（右ハわかやま　左ハいそみちと刻されている）があるが、うっかりして見落としてしまった。雨のせいか余裕がなくなっていたのだろう。

公園からはほぼ国道を歩いた。右手前方には潮岬が大きく見え、その付け根の串本の町の建物も白く見えている。もう少しである。国道三七一号線への分岐は十四時五十二分に通過した。向《むかい》袋《ぶくろ》のバス停を過ぎ、しばらくして紀勢本線をくぐって鬮《くじ》野川へ行く道があった。ここから大辺路は姫方面に進路をとっている。十五時十二分、次回はここが出発点となることを確認した。雨さえ降っていなければ、がんばって姫まで歩いてもよいが、この雨では写真撮影もやりにくく、JR串本駅に向かうことにした。

串本駅にはたぶんあと三〇分くらいで着けるだろう。そうすると乗る列車は予定通りの十六時三十七分発の「スーパーくろしお30号」になる。鳳駅に停車するので好都合であり、いつもよく利用している特急だ。雨はさらにきつくなってきたので、私は国道をひたすら串本駅方面に急いだ。

国道は串本駅前を通過しているが、遠回りをしているので上浦のバス停あたりで左に入った。時間的にゆとりが

右に北向地蔵の祠がある

あったので、「無量《むりょう》寺」【第二十一番】に寄ってみることにした。人々に訊きながら探しあてた。静かないいお寺だった。そしてお寺の境内には「応挙《おうきょ》芦雪《ろせつ》館」があったので、熊野古道関係の本でもあるかもしれないと入館したが、とくに得るものはなかった。

むろん、応挙とは円山応挙のことであるが、長沢蘆（芦）雪はその弟子にあたる。「無量寺」の愚海和尚と親交のあった応挙は、本堂の完成を祝って自分の絵を蘆雪に持たせたが、蘆雪もまたこのお寺に滞在中に多くの作品を残したという。蘆雪が大辺路を歩いたのもこのときのことであろう。富田の草堂寺にも障壁画等を残しているが、彼はどのような気持ちで大辺路を歩いていたのだろうか。また熊野をどのように見ていたのであろうか。またこの大海原は画家としての彼の眼にはどのように映ったのであろうか、興味は尽きない。

「無量寺」を辞して私は串本駅に行った。予想したよりも小さな駅だった。今度来るときはこの駅で降りて、バスで向袋に行くことになる。バスの時刻表を熊野交通の切符売り場でいただいた。「くろしお」は連休（人によっては三連休）最後の夕方であったが、あまり込んでいなかった。

串本駅を定刻通りに発車してから、上着のフリースを脱いだ。見ると数ミリの黒く細長い植物の種がくっついているのがわかった。動物や人の体について繁殖場所を広げていくあの種たちだ。小さい頃いわゆる「ひっつきむし」と呼んでいたものであった。私はそれを見ながら、今回の古道歩きもハードな旅だったなあと思い返した。この後体調を崩さぬよう気をつけねばと心した。あの「熊野本宮大社」に到達したのち、しばらくして寝込んだことを思い出したからだ。あのときの胃の痛さがないことはまだ救いがあるかもしれない。けれど用心にこしたことはない。そう思いながら、暖房のよくきいている車内で私は

無量寺への道

知らず知らず眠っていた。気がついたときには、特急「くろしお」は真っ暗ななかを疾走していた。

コースタイム

ＪＲ江住駅（1時間10分）木ノ本神社〔雨島バス停〕（30分）ＪＲ和深駅（20分）舟並港（30分）安指平見一里塚跡（30分）ＪＲ田子駅（40分）徳大明神社（30分）田並〔ＪＲ田並駅付近〕（40分）有田〔徳本上人碑〕（20分）串本海中公園（40分）向袋バス停〔二色〕（30分）無量寺（10分）ＪＲ串本駅

文学に見える南紀・熊野路⑤
早船ちよ『枯木灘の子守唄』

（串本）

「枯木灘の子守唄」訪問の足場は、串本町である。そこは、——わたしゃ串本、両浜育ち……と唄われている漁師町だ。町の中心街、九百メートルの砂州の先方は、南の海へぐーんとのびた台地で、台風銀座の潮岬である。潮岬は、串本町の中心街が海だったむかし、向かいの大島とともに東西にならぶ島だったそうな。串本の市街をはさんで東と西に、二つの漁港があり、遠洋漁業の基地になっている。漁期には、ブリ・カツオ・マグロ・イワシなどが水揚げされて、活況を呈する。中学生までが、未明から漁協の荷受けにでて、手つだって働く。

枯木灘海岸は、串本町から西へ、やく三十キロ、指のまたをひろげた褶曲の入江に、袋・高富・有田・田並・田子・安指・和深・江住・見老津・周参見……と小さな漁港がつらなり続く。この枯木灘海岸県立公園を汽車でいくと、トンネルが三十七もあって、汽車のしっぽがトンネルを出ないうちに頭のほうは次のトンネルへさしかかる。それほど、小さく入り組んだ海岸である。この海域の地層は、六千年まえの第三紀層に属し、海岸まで切り立った崖や岩山、岩礁がせまっている。

太平洋の荒波や風が、もろにぶつかってきて、海は荒いのに避難港もない。冬の西風が強くて、木という木は枯れて育たない。こんないやな所はないというので、江戸通いの船方《ふなかた》が、その海岸いったいを枯木灘と名づけた……。

風景絶佳な海や山ほど、人は住みづらい——という。そのことば枯木灘にもあてはまるのだろう。海岸ぞいの段丘は、三段に隆起して、峰山山脈となって連なり、古座川と平行している。この海岸に、人が住むようになったのは、ようやく三百年まえ、この地方にサツマイモが入ってきてからだ、という。それまでは、段丘の平見（台地）に水はなく、波風は荒く、人の住めるようなところではなかった……。

◆**早船《はやふね》ちよ**（一九一四〜）

岐阜県の生まれ。『キューポラのある街』が吉永小百合主演で映画化された。他に『峠』『山の呼ぶ声』など。多くの児童文学を発表。

六　蟻さん方式「新大辺路」を思いついた私

串本《くしもと》（袋）から田原《たはら》へ

―枯木灘から熊野灘への道―

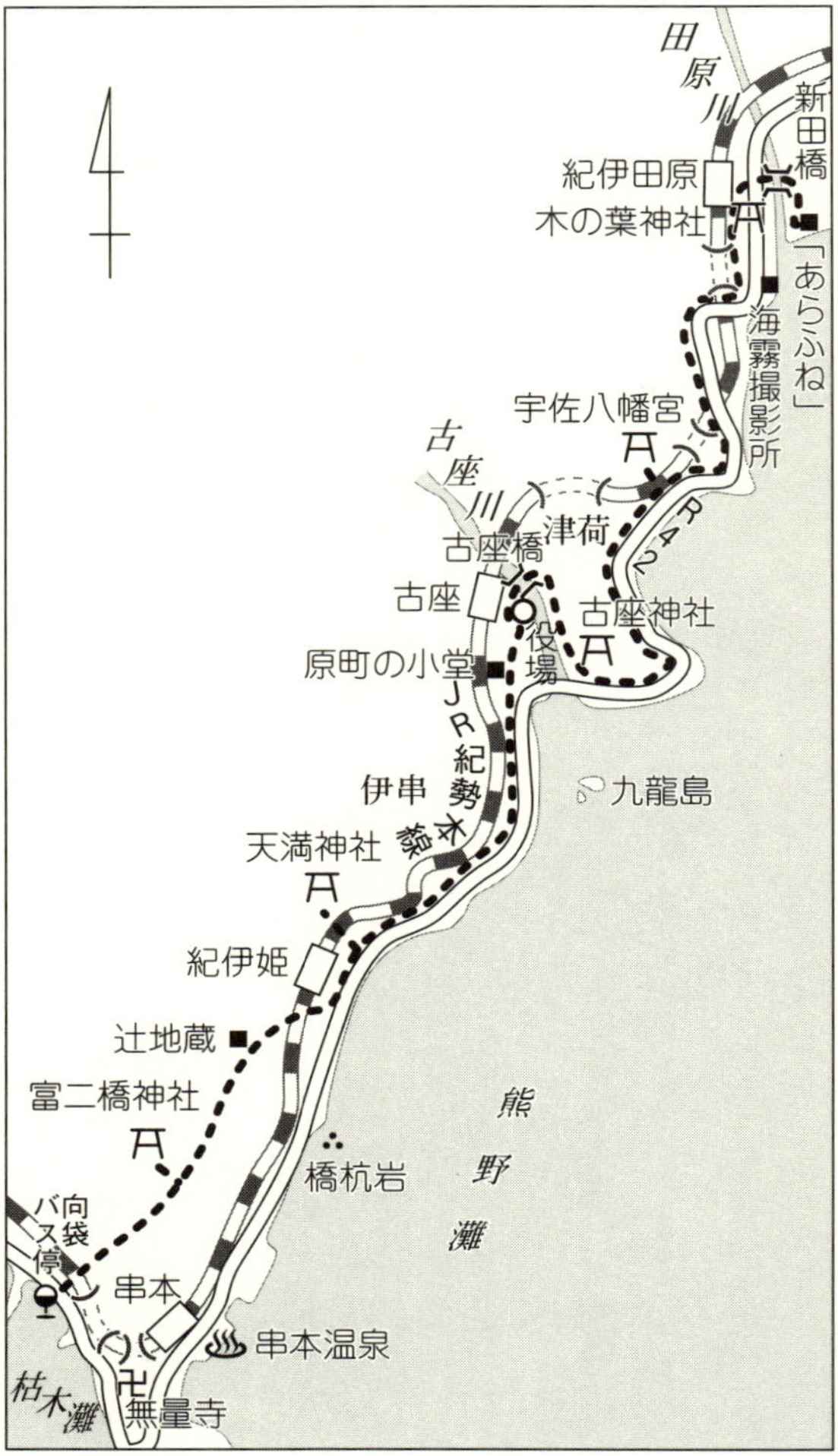

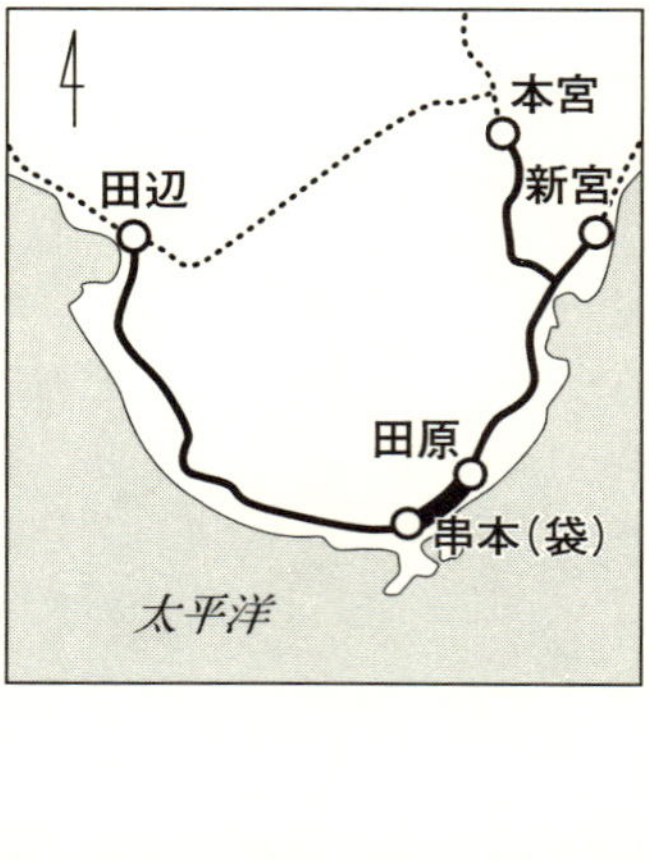

【歩いた日】
二〇〇二年一月十三日（日）
晴れのち曇り

「スーパーくろしお1号」が周参見駅を過ぎて海が見えてきた頃に、車内アナウンスがあった。その潮風によって草木も枯れることから、車窓に広がるこの海が「枯木灘」と名付けられたことを告げている。新宮行き特急はときにはノロノロと徐行運転をしたかと思えば、直線に入ると急にスピードアップしたりして串本方面に向かっている。連休初日の今日は正月とはうって変わってぽかぽか陽気となりそうだ。

左へ折れると富二橋神社

ＪＲ串本駅には十一時に着いた。続いて二十分発の熊野交通の江住行きバスに乗車する。左手に串本港や大島への「くしもと大橋」が見える。バスの窓を開けてもさわやかな春のような暖かい風が入ってくる。串本高校前のバス停を通過した時、予備校でいっしょのクラスだった串本出身のＡ君のことを思い出した。お互い一年間の浪人後、たしか彼は東京の大学に入ったと記憶しているが、定かではない。今はこの串本に帰っているのかもしれない。姓名の名のほうも忘れてしまっている。彼はここから大学受験のため大阪に出て、下宿生として予備校に通っていたのである。大阪出身の私と予備校で出会い、大学入学後一年ほどしてお互い音信不通になってしまった。そして三〇年後の今は、私が彼の郷里に来ている。不思議といえば不思議なことである。

左手前方に海中展望塔の白い建物が望める頃、串本駅を出て約一〇分後に向袋バス停に降り立った。目の前は入り江となっており、海は穏やかである。潮岬もはっきりと見えている。前回確認済みの鬮野《くじの》川への道を紀勢本線のガードをくぐって行く。のどかないい道である。メジロの鳴き声も聞こえ、道端では目を凝らしてみると可《か》憐《れん》なスミレも咲いている。ここ串本では春がそろそろやってきているようだ。

歩き始めて三〇分ほどすると、田んぼより二メートルくらい高い川堤にさしかかり、左手に神社の杜らしきものが見えてきた。道を進んでそばまで行くと神社の杜ではなかったが、「くじの川宮農道工事…」と書かれている杭があった。よくよく見てみると古道より左に一〇〇メートルほど入った所に朱塗りの鳥居が立っているので、私は行ってみることにした。鳥居より石段を二〇段くらい上がった所に社殿があり、神社全体が静まりかえっていて、素朴さを感じさせた。ここが富二橋《ふじばし》神社（鬮野川八幡神社）である【第十九番】。私はいつものように、旅の安全と家内安全を祈った。

祈り終えた後、初詣でのことを思い出した。今年は正月二日に「大鳥大社」にお参りした。冷たい日であった。こんな日に古道歩きでもしていたらカチンコチンに凍ってしまいそうな日であった。私は大社で、熊野古道歩きが順調に進むようお祈りしておいたのであった。そして今、そのかいあってか、このような神社にめぐり会え、幸先よいスタートがきれたことを素直に喜んだ。

もとの古道に戻り、滝畑橋を通過し、続いて十二時二十二分に硲《さこ》ノ元橋を渡り終え、少し行くと三叉路となり、そこに辻地蔵が祀られている【第二十番】。日当たりがよく、石組みで高くなった所に石仏とともにあるために、道行く人にはわかりやすく目立った感じとなっている。「左　若…」や「右　在所道」とかすかに銘が見える。

三叉路を右にとって行くと、すぐにまた道は二つに分かれるが、右にとれば橋杭《はしぐい》への道となる。そのまままっすぐに進む。ザアーという滝の音にも似た音が聞こえてきた。正体は国道四二号線を走る車の音であった。ここより道は「しりで坂」と呼ばれる下り坂となる。右手下には国道と紀勢本線。そして海も見え、大島もよく望める。

串本に至るまで、周参見あたりから眺め続けていたのは枯木灘であったが、今度は熊野灘の潮風に吹かれる旅となる。枯木灘から熊野灘へ。ここで一つの境目・峠を越えた感がある。「私の大辺路」も今後どのような展開を見せるのだろうか。私は期待を抱きつつ坂道を下っていった。

下りながら頭に浮かんだものがあった。それはこの大辺路紀行の一つのテーマである。〈「私の大辺路」における各目標設定〉、これがふと思いついたのであった。紀州路・中辺路では「王子（王子跡）」という目標があった。目標があったからこそ次の目標への期待が高まり、歩行を継続する原動力にもなりえた。今回田辺より歩いてきて王子といえば、周参見王子神社と和深王子神社の二社だけであった。この大辺路にもやはり歩くときの目標は必要であろう。

では、大辺路においても「王子」に代わるものとして何を設定すればよいか。それはやはり神社仏閣であろうし、お地蔵さんなどではないか。熊野詣でに直接関係なくとも、立ち寄る価値ありと判断した場所は「私の大辺路」の目標の一つとする。これからは私なりに目標を設定していこうと思う。そして、それらの点と点を結ぶことによって「私の大辺路」が線として浮かび上がってくることになる。たとえば今回であれば、目標の候補として「富二橋神社」と「辻地蔵」があげられるだろう。ということで、今後の大辺路歩きは、「各目標」探しを課題にしていこうと思う。

熊野灘が見えた。〝向いは大島〟

　なお、私が本日持参している地図・資料は、東牟婁振興局発行の『熊野古道　大辺路調査報告書〈東牟婁郡〉』（以下『調査報告書東』と表記）である。この報告書のおかげで、私はこうしていま串本付近を歩くことができている。私にとって羅針盤のような存在で非常に貴重な報告書である。この報告書に載っていないもの、たとえば神社などにも今後の古道歩きでは十分に注目していきたいと思う（地蔵などの名称に関しては『調査報告書東』に本書はおよそ倣《なら》っている）。

　さて、「しりで坂」を下り終えると右にＪＲの「地蔵踏切」を渡る。ここで国道四二号線と合流する。『紀伊続風土記』によると、私が、袋港から歩いてきた道について「此道嶮くして往来少く、旅人皆小名橋杭の方を往来す」との記載があり、近世以降は串本の発展もあり、海沿いの道が利用されたようだ。

国道沿いに「地蔵道標」があった。「右ハ鬮之川袋港」と刻されているのが見える。地蔵さんは海を向いて祀られていた。そこから国道をほんの少し歩くと、「古座町観光宿泊案内」の案内板が立っていた。私の今夜の宿となる田原の国民宿舎「あらふね」も書かれている。この案内板の横を国道を離れて姫集落への道を入っていく。現在は一本の松も見えないが、その昔ここには姫の松原があった所である。

グラブを手にはめ、ブロック塀でボール当てをして遊んでいる少年がいたので訊いてみた。

「このあたりに食堂とかないかな？」

少年の答えは意外だった。

「ない」の一言だった。すかさず私は言った。

「この付近でなくてもよいから、国道沿いにドライブインとかないかな？　これから古座まで歩いて行くんだけど」

「串本にもどればある。このへんにはない。なんにもない」という返答だった。

私は半信半疑のまま「ありがとう」と言って少年と別れた。そこからすぐの所に梅林寺と書かれてある案内板があったので、紀勢本線の踏切を越えて行ってみた。すると神社らしき杜が左手に見えてきた。姫川のほとりにある神社は「天満神社（天神社）」【第二十二番】であることが石標から知れた。ほどよい大きさの石の鳥居に、社殿は朱に塗られている。そして境内には根元近くから枝が大きく広がっている立派な大楠があった。清浄で明るい感じの神社だった。案内板にあった梅林寺もすぐそこにあったが、新しく建て替えられたとあって、風情の点では圧倒的に「天満神社」のほうが勝っていた。

「天満神社」にいると、さっきの少年が自転車でやって来た。この神社近くにお店があって何か食べ物を売っているとわざわざ告げに来てくれたのだった。時刻は今ちょうど十三時。腹をへらした中年男を案じてくれていたようだ。教えられた細い道を通り、少年の優しい心に感謝しながらその店に向かった。しかし、店の前まで行ってみると日曜日のせいか休んでいた。しかたがない、こうなったらとりあえず古座町の中心まで行ってみるしかない。私はまたもとの国道を古座目指して歩き出した。まさか国道沿いに食べる所が一軒もないことはないだろう。喫茶店くらいはあるんじゃないかと思いつつ歩いて行った。

次の伊串《いぐし》の集落に入った。何か商店でもないかなときょろきょろしながら行くと、店の前にミカン箱を積み重ねているお店があった（後でわかるが、これはポンカンであった）。洗剤やお菓子類はガラス戸越しに見えているが何かあるかなといささか不安気に入ってみた。視線をパッパッとあっちこっちに物色したところパンがいくつか目に入った。私はパン三こを買ったのち、そこから国道を渡って海岸に出てみた。

きれいな砂浜だった。とにかく砂の目が細かくてさわっても気持ちがよい。目の前には大島が大きく見える。右手向こうには橋杭岩がいくつも尖った先端を海から突き出している**【第八景】**。左手は伊串漁港がある。さらに向こうには九龍《くろ》島・鯛島も見えている。風もない早春の海を眺めながら先ほど買ったパンを食べた。食べ終わるとポンカンを取り出した。このポンカンは店の老婆に一こもらったのであったが、このあたりはポンカンの産地だそうだ。砂浜での〝デザートポンカン〟は格別の味であり、都会では経験できないぜいたくな昼食となって、大満足であった。

伊串からしばらく行くと国道に合流した。左にカーブする所に白い建物が見えてきた。カタカナで何か書いてある。会社名であろうかと思いながら近寄って行くと、レストランとあるではないか。「やっぱりあの少年が間違っていたな、ちゃんと食べる所あるやないか。国道沿いには何かあるもんや。あの子は知らんかったやろうかな」と少年を疑いながら正面に回ると、開店している様子もない。どうやら冬は休業しているようだ。このあたりは何といってもこの青い海が一番の魅力であって、観光客はやはり夏に集中するのかもしれない。少年が「ない」と断言したのは間違いではなかった。
その休業中のレストランの裏手を古道は通っており、国道とは少し離れて、どちらかというと紀勢本線に並行に進んで行く。十四時ちょうど西向中学校のそばを通過した。「原町の小堂」は数分後に左手道脇に確認した。続いて県道三八号線を横切ってまっすぐに進む。十四時十二分、古座川の渡し場跡（特に案内板などはない）に着いた。砂利が積まれていて川の半ばまで半島のように突き出ている。台風か津波の防御のためなのだろうか。その砂利の向こうには国道に架かる赤い古座大橋もよく見える。私は川の堤の道を国道とは反対側の川上の方に歩いた。

川岸にはたくさんの船が繋留《けいりゅう》されている。釣り船も多いのだろう。白地に赤の目立つ看板が立っている。「南紀クジラウオッチングのりば」とある。かつて古座は太地《たいじ》と並んで捕鯨《ほげい》で栄えた町であった〔第七章末「蟻さんの砂糖船」（三艘目）に関連記載〕。沖合を黒潮が流れるここ古座ではクジラを見にくる人も多いのだろう。また海中の透明度も高く、ダイバーたちも多く訪れるとのことだ。

川面を見ると、カモたちが浮かんでいる。地元の人によると毎年飛来するそうだ。カモに混じってサギなどもいる。河口近くのこの場所は鳥たちの楽園のようだ。私がカモたちのいる方に近寄って行くと、彼らは大慌てというのではなく、なんとなく私の存在をけむたそうに、そそっそそっと川の中ほどの方へ移動し始める。けっして私を嫌悪しているわけではないが、ちょっと警戒もしくは離れて観察といった感じである。

古座橋に近づいた頃、古座町役場に立ち寄ってみた。幸いに宿直の人であろうか、お一人おられたので古座町の観光案内パンフレットをもらうことができた。古座橋を渡る。上から見ると、向こうに海が広がっていることもあってか、

古座川左岸河口付近の川沿いの家々

川が広く見える。中洲もあって鳥の囀《さえず》りも聞こえてくる。それに、サギやそれと同じ大きさの鳥たちも日なたぼっこであろうか、じっと動かず立っている。小魚を狙っているふうでもない。まるで川に打たれている杭のようだ。水も冷たいことであろうが、ボラの元気な魚影も眼下に見える【第九景】。

橋を渡り終え、商店の立ち並ぶ狭い道を行くと、左に「善照寺」がある。このあたりは古い町並みで、格子戸も目につく。「古座神社」【第二十三番】には十四時五十四分に着いた。道より石段を一〇段ばかり上がった所にあり、海に向かって建てられていた。この神社の前に和菓子屋さんがあり、そこで青のり羊羹《ようかん》を買って土産とした。

「一里塚跡の地蔵尊」は人が一人しか通れないような路地をほんの一〇メートルほど上った所に祀られてあった。場所は神社の東裏手と思えばよい。知らずに素通りしてしまいそうだ。しばらく行くと、古座川病院付近で国道に合流する。消防署前を通過してすぐに動鳴気《どめき》漁港に至る。国道は高架橋となって漁港の上を跨いでいるが、私は漁港内を歩いた。昔の木舟が何艘《そう》か陸の一段高くなった所に置いてあった。祭りや神事に使用するものかと思ったが、漁師さんに訊いてみると、船を新たに造るときの型にするものだそうだ。今着岸したところなのか、大勢のダイバーたちが船から降りている。

漁港を出てからは国道を歩いた。人の背丈もあろうかというアロエが花の満開のときを迎えていた。国道の津荷《つが》橋の手前で左の旧道に入る。道なりに進み、沖出《おきで》橋を渡っていたとき、紀勢本線の線路が見え、その向こうに鳥居が見えたので寄ってみることにした。橋を渡って左折し、川岸を行く。ふと川面を見下ろすと川が逆流している。海が近いので潮が満ちてきているのだろう。小魚の姿も多く見える。海の魚なのかもしれない。ガードをくぐる道もあったが、私は線路を渡って鳥居前に行った。線路からの周囲の眺めがよく、ちょうど新宮行き普通列車が来たのでパチリと一枚撮った。鳥居の奥には社殿があるが、木々に囲まれて隠されている感じがよかった。自然に溶け込んでいる神社である。沖出橋の方へ戻るとき、老婆に出会ったので、この神社の社名を尋ねたが、ちょっと自信なさげに小首をかしげ、自分たちは八幡宮と呼んでいると答えた。地元の人にとっては、神社の名称は二の次であって、お参りすることが大事なのであろう。社名については、後に宇佐八幡宮**【第二十四番】**であることが判明した。

津荷の集落のはずれあたりから国道と紀勢本線は寄り添うように走る。だいぶ先の方にはトンネルも見えている。ここからは国道歩きだ。トンネルの手前で国道は右に大きくカーブする。ウバメガシやユズリハが多く茂っている。右手は海ということで景色とすれば申し分ないが、いかんせん国道に歩道がない。人家もなく車専用道といった感じでどの車もかなりスピードを出しているので、いい気がしない。田原までの四〇分間の国道歩きは楽しくない道であった。

小谷跨線橋を渡って今度は右の海側が紀勢本線となる。海岸近くは平らな岩礁地帯だ。途中道脇に四体の地蔵さんが祀られていた。行く手前方には突き出した岬の突端にぽつぽつと切り立つ岩もよく見えてくる。この森戸崎は、小さな橋杭岩といった感じだろうか、そこを北へ回り込むと荒船海岸になる。本日の宿はその森戸崎の付け根にあたる田原海水浴場前にある国民宿舎「あらふね」だ。その「あらふね」はたぶんあの四、五階建ての白いのだろうか、そのあたりでは群を抜いて目立っている。

さらに国道を進み、篠浦跨線橋を渡ると、十六時二十一分に「海霧《かいむ》撮影場所」と看板のある所に来た。「発生時期12月〜3月」とも書いてある。ここは撮影できる場所が歩道のような感じで海側に設置してある。古座町役場でもらった観光パンフレット「発見。もっと発見。」には次のように説明がある。「自然こそがアーティスト。底冷えのする冬の朝、海は表情を変え、幻想的な一枚の絵を描き出します。朝日が昇るころ、波の音だけが静かに響くなか、冷たい空気が海上をわたると、海面の近くで水蒸気が凝結して無数の微少な水滴となり、浮遊するのです。」

森戸崎を望む。国民宿舎「あらふね」も見えている。

景色が海から浮き上がった状態になるようだ。また、近くを暖流の黒潮が流れていることも関係しているようだ。今は夕方なので海霧はむろん見ることはできないが、このように陽気がいいと明朝も発生はないような気がする。天気がよくて冷え込んだ朝にはカメラマンが大勢やってきて、シャッターチャンスの瞬間を待つことだろう。

この「海霧撮影場所」から右手方向には海岸べりを紀勢本線が走っている。私が振り返ったちょうどその時に「くろしお」が串本方面に通過しようとしていた。私は慌ててカメラを構え三枚撮った。ここは「くろしお」の撮影場所としても絶好のポイントと思われる。左から、海、岩礁地帯、大きな岩山、線路、ガケ、山、跨線橋とバラエティーに富んでいる。太陽の方向からいうと、午前中がいいかもしれない。今度は車で撮影のために訪れてみたいと思った。

さて、この「海霧撮影場所」から田原の集落はすぐそこだ。田原港を右に見て国道を離れ、左折して集落内の道をJR田原駅目指して進むが、その間、わずか五分で駅前を通過し、駅近くにある「木の葉神社」**【第二十五番】**にお参りする。この神社は「ねんねこ祭り」で有名で、「称《ね》んねこの宮」とも地元では呼ばれているようだ。この祭りは、毎年十二月の第一日曜日に行われるお祭りだが、祭典中の子守り神事は、神功《じんぐう》皇后の皇子愛育の故事に由来しており、それゆえ古来より「木の葉神社」は乳幼児の守り神として知られている。

大きな玉砂利を敷きつめたほどよい大きさの境内は落ち着いた雰囲気があった。私は、この神社が子どもの神様ということなので、知り合いの子どもたち（といってもちょっと大きな子どもではあるが）の大学入試合格を祈願した。

私は参拝をすませ、鳥居をくぐり、その前を右に折れて国道の方に向かった。田原川に架かる「新田《しんでん》橋」には十六時四十九分に着いた。橋を渡り終え、本日の古道歩きはこれまでとなった。

明日はこの橋が始点となり、田原川沿いを進むことになる。田原の海水浴場から残照の海を眺めると、大島が薄く島影を見せていた。明日は快晴とはいかないまでも、まず雨の降ることはないだろう。そう思いながら私は、国民宿舎の玄関に向かっていた。

コースタイム

串本〔向袋バス停〕（50分）辻地蔵（20分）地蔵道標（15分）天満神社〔姫〕（40分）原町の小堂（10分）古座町役場（20分）古座神社・一里塚地蔵（30分）宇佐八幡宮〔津荷〕（1時間）木の葉神社（5分）新田橋

蟻さんの砂糖船（三艘目）「コザ丸」の巻

古座の河内祭り（御舟祭り）のQ&A

Qの1　「古座川とはどんな川」？

A　「東・西牟婁郡の境にある大塔《おおとう》山（一一二二メートル）に源を発し、小川・池野山川などと合流しながら古座川町・古座町を貫流して熊野灘に注いでいる川。途中の古座川峡には国の天然記念物となっている高さ一五〇メートル、幅約五〇〇メートルの巨大な『一枚岩』がある。ほかには牡丹岩や虫喰岩と呼ばれる奇岩が見られる。日本では数少なくなった清流と呼ぶにふさわしい川であり、四国の四万十川にもひけをとらないほどである。夏には『鮎の火振り漁』が行われることでも有名である。」

出番を待つ三艘の船

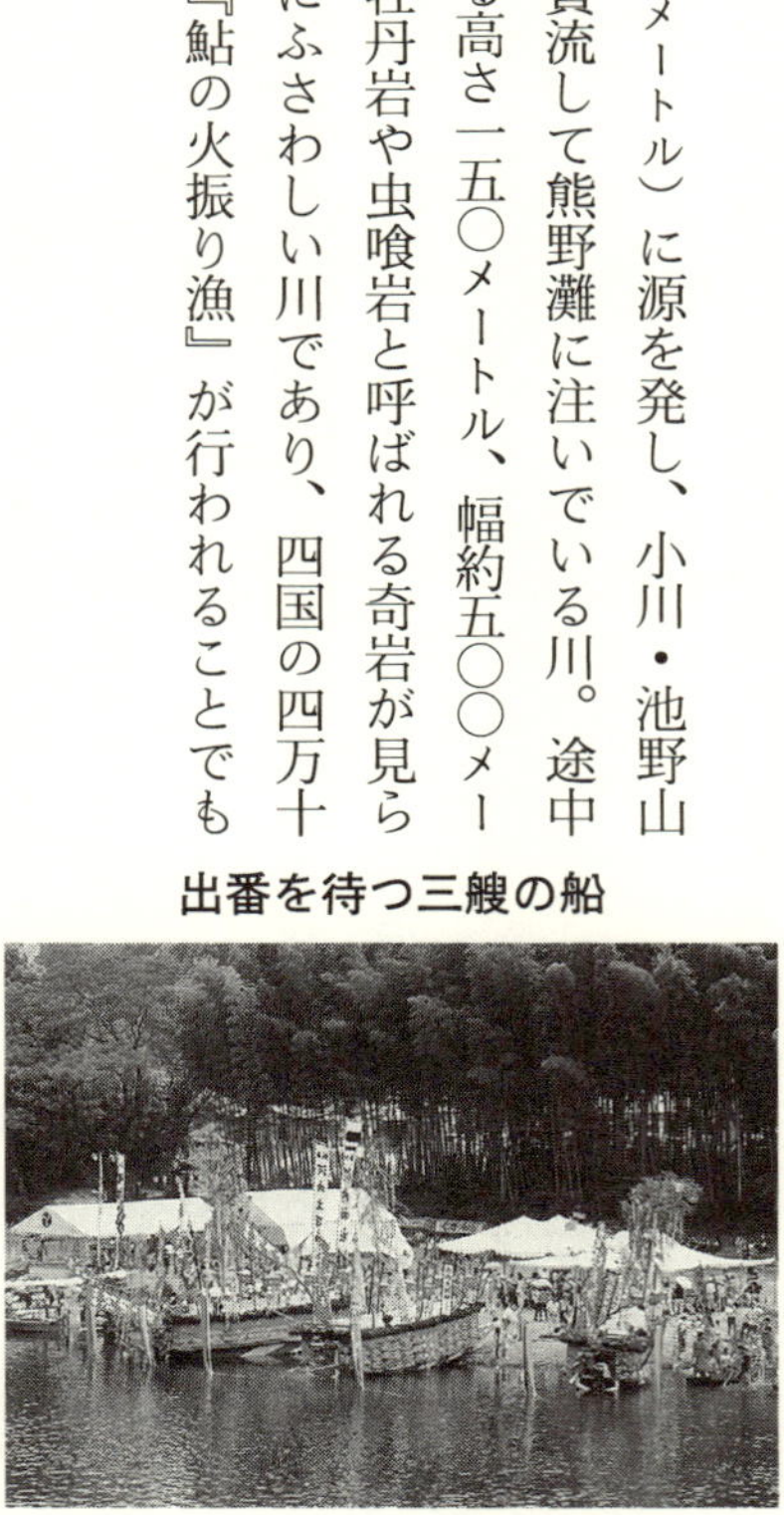

Qの2　「河内祭りは古座川のどのあたりのお祭り」？

A　「毎年七月二十四日から二十五日の二日間、古座川河口と河口から三キロほど遡った所にある清暑島《せいしょ》（河内島・河内様）を中心に行われるお祭りで、国の民俗文化財に指定されている。当日は、河口から『御舟』が三艘、川を遡り、清暑島を周回するのがハイライト。二日目にはその清暑島を回る伝馬船《てんません》三艘（赤・黄・青）による競漕もある。また、古座獅子舞もこの時奉納される。」

狭い所を行く船

Qの3　「河内祭りは河内神社のお祭り」？

A　「河内神社は清暑島をご神体として、一般的な神社のように拝殿があるわけでなく、清暑島の遙拝所としての意味をもっており、鳥居と石灯籠が立っているだけである。『東牟婁郡誌』によれば、島全体をご神体とし、祭神は素盞嗚尊《すさのおのみこと》（河内神）であったが、大正四年に八幡神社（現古座神社）に合祀されたという。しかし、地元宇津木の人々は、今もこの遙拝所を河内神社と呼んでいる。」

伝馬船の競漕　清暑島を回る

Qの4　「河内祭りの由来は」？

A　「源平合戦のとき、源氏に味方した熊野（古座）水軍の戦勝祈願や凱旋報告を河内神社で行った名残をとどめるものと伝えられていて、海に生きる人々の安全と豊漁を祈る祭りである。」

【蟻さんの祭見物】とにかくびっくり、あの清暑島を大きな「御舟（屋形舟）」が回るのであるから。清暑島は川の真ん中にはなくて、左岸との距離わずか数メートル。そこを通り抜けるのであるから熟練を要することである。清暑島の上手にある深くて広い淵を回るだけかと思っていたが、なんのなんの、よくもまあ、あんな狭い所を舟が行くものだ。色鮮やかな装いをした華やかな舟と深緑の川水が見事一幅の絵となっていた。（二〇〇二年七月二十七日に見物）

※紀伊半島沖合通過の台風のため、二〇〇二年は二十六・七日に順延となっていた。

文学に見える南紀・熊野路⑥

（東牟婁）

庄野潤三『前途』

三月三十日

長兄への寄書

伊東先生と門下の文学青年四人が、二十六日、大阪を発って、そのうちの一人、貴志君の郷里の古座に向かいました。はじめは新潟へ行くつもりでしたが、先生の家でお酒をよばれているうちに、急にみんなで帰省する貴志君について、南紀州を旅行しようということになったのです。

天王寺駅で、一日遅れて東京から着いた医科大学の二人の学友が加わり、総勢七人になりました。

古座で一泊、翌日潮岬へ行って満開の山桜と黒潮を眺め（海軍の下士官と奥さんが燈台の近くの草原を散歩していました）、昼は駅前の食堂で大きなトンカツを食べました。

その夜は湯川の温泉宿に泊り、翌日は雨でしたが、午後には上り、那智山に登りました。次の朝、先生と僕はみなと別れて、熊野灘をはるかに望み、九十九折の矢の川峠をバスで越え、夜遅くこの志摩半島の田舎宿に辿り着きました。

けさは雨、電報を打っておいた四日市の友人が軍資金を持って到着するのを、心細く待っています。少し頭の足りないように見える女中が一人いるきりの宿屋です。

正三

志摩に出て旅のをはりの歌つくる
鵜方の宿の朝の雨かな

伊東静雄

〈参考〉この時、伊東静雄は、古座で「かの旅」という詩をつくっている。

かの旅

古座の人貴志武彦に

杉原や桧《ひ》ばらがくれに
桃さくらはや匂ひでし
そを眺めつつ
ゆたかなる旅なりしかな
熊野路を南へゆきて
わが見たる君がふるさと

形見にぞ拾ひもてきし
玉石はみれども飽かず
あさもよし紀の海が
荒波にかくもみがきて
みづぬるむ春の渚に
おきたりし古座の玉石

（詩集「春のいそぎ」所収）

◆庄野潤三《しょうのじゅんぞう》（一九二一〜）
大阪府生まれ。伊東静雄は住吉中学時代の国語教師にあたる。五五年『プールサイドの小景』で芥川賞受賞。他に『静物』『夕べの雲』など。

◆伊東静雄《いとうしずお》（一九〇六〜一九五三）
「日本浪漫派」の同人。詩集に『わがひとに与ふる哀歌』『夏草』など。

文学に見える南紀・熊野路⑦ （古座〜橋杭岩）

天田愚庵『巡礼日記』

二十一日

亭主、ここの名産なりとて、玉石と云うを持ちいず。青石の中に黒き玉を磨き出せるなり、俗にして面白からず、岡一つ越えて、十四五町行けば、山田刈る男女大勢立騒ぐ、何事かと見れば、鹿を追うなり、鹿は岡の上に身を匿《かく》すべき処《ところ》もなく、彼処此方と逃げ迷い、ようよう谷陰に入りぬ、逃げのびたりや、はた取られたりや、頓て下田原を歴《へ》て、古座に至る、裏手の岡に上り、海上を見渡せば、彼の橋杭とて、大辺地通第一の名所あり、串本の地先より、海面凡そ八九町が間、柱の如き巌の二十余本並み能《よ》く一文字に列りて、高く波間に抜け出でたるは、実に橋架の落ちて杭ばかり残れるが如し、不思議なる天工なり、大辺地の本道は、猶直に西に向ひて行くべきを、古座川の上には、月瀬の牡丹岩、相瀬の一枚岩、などという名所ありと聞けば、川添いに登りて一覧し、佐本越して田辺に出でんと、北に向いて山手に入る。

◆**天《あま》田《だ》愚《ぐ》庵《あん》**（一八五四〜一九〇四）

福島県の生まれ。歌人で、万葉調の歌を詠んだ。戊辰戦争で行方不明となった両親と妹を捜して全国を旅した。『巡礼日記』は明治二七年の作品。他に『東海遊侠伝』など。なお、『巡礼日記』では、大辺路は大辺地と表記している。

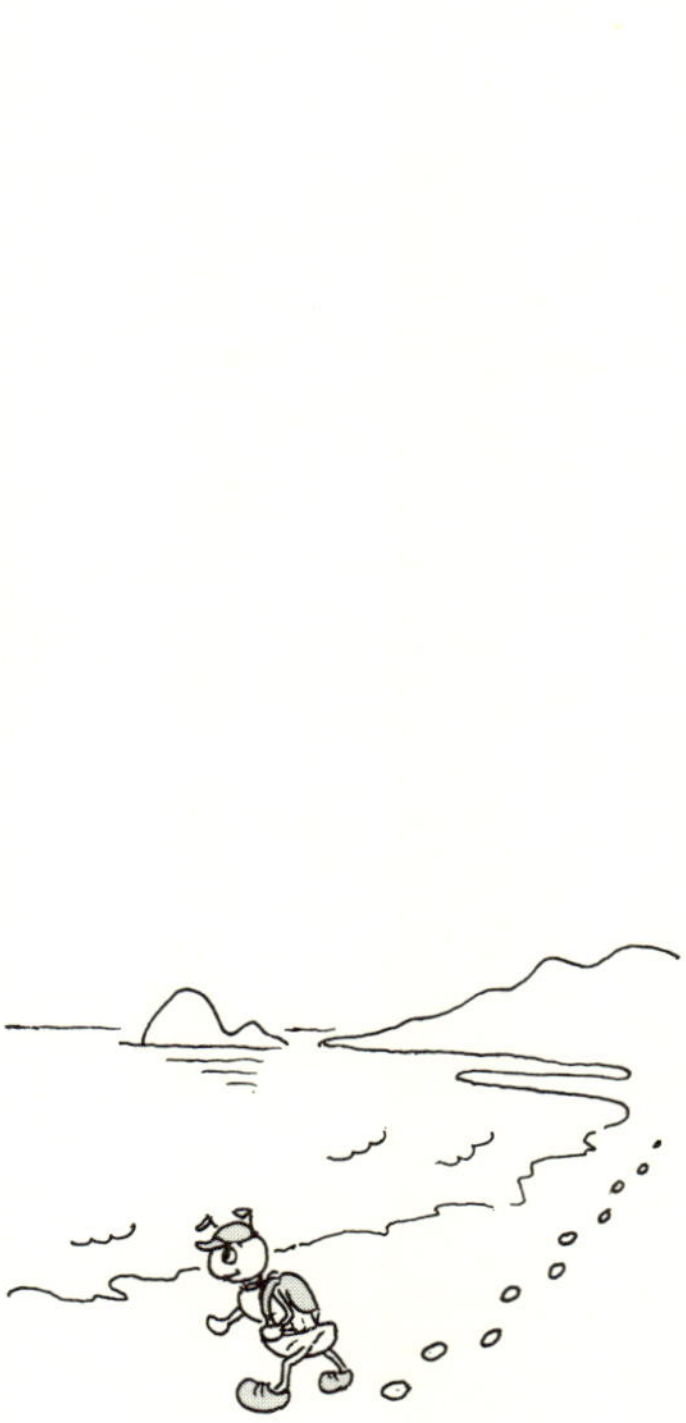

七　「浦神《うらがみ》峠」を二度も越えてしまった私

田《た》原《はら》から紀《き》伊《い》勝浦《かつうら》へ

―海より離れて、峠を行く道―

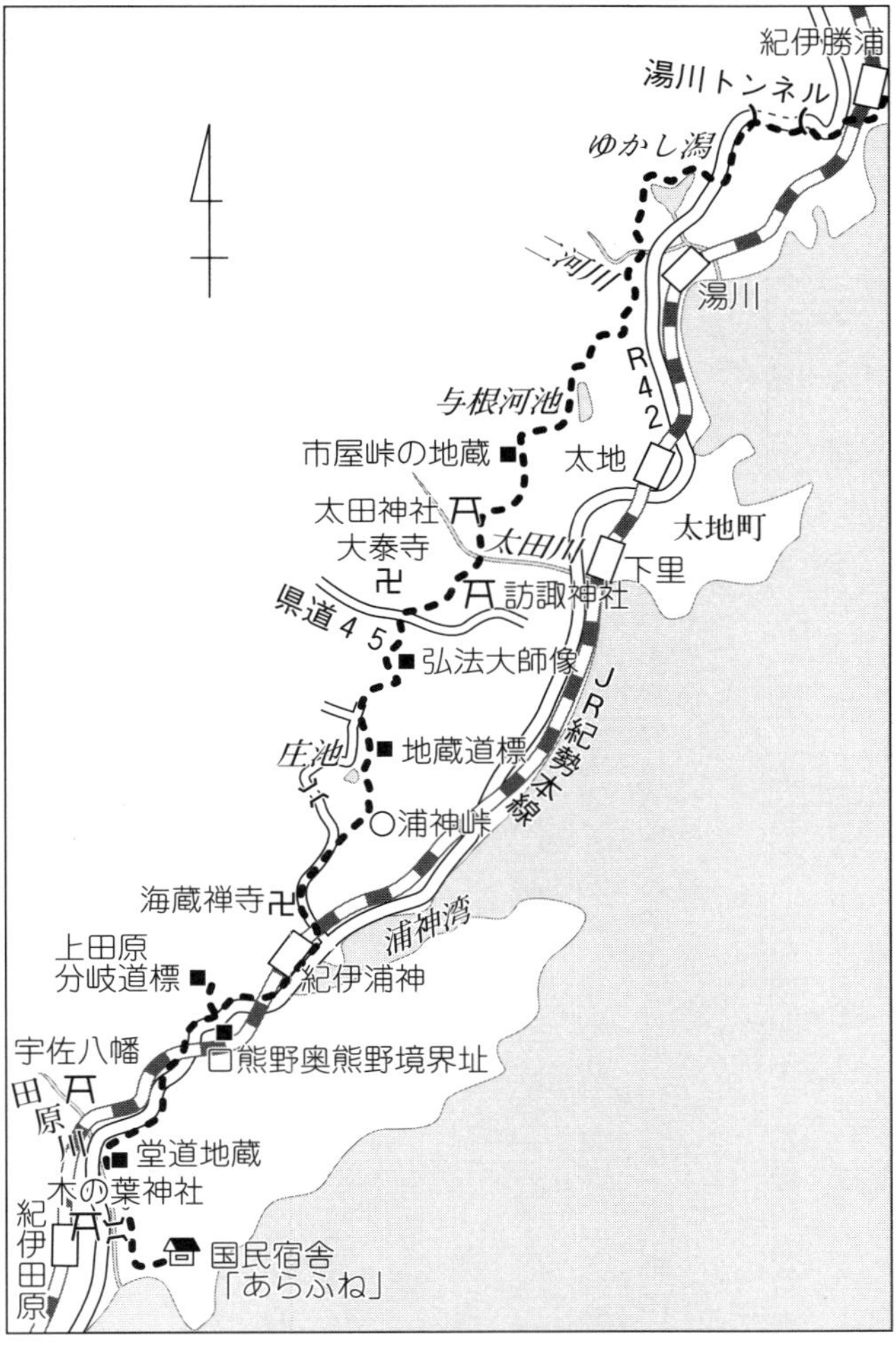

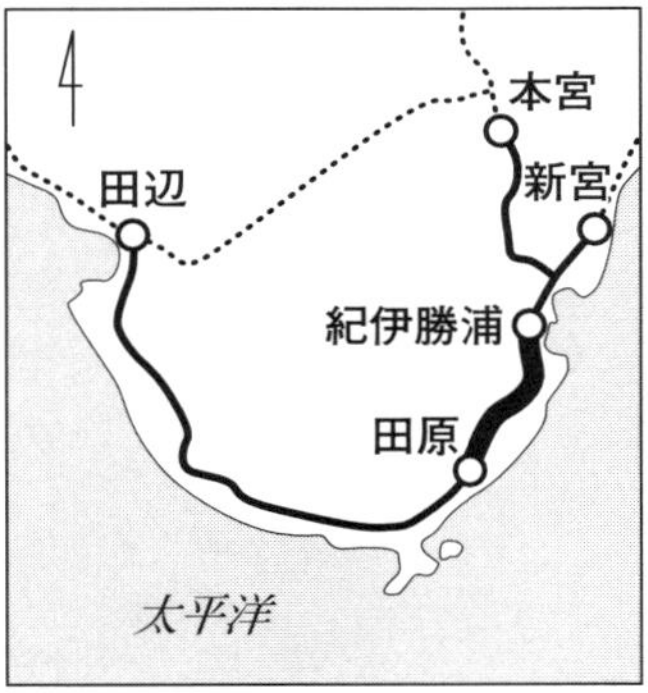

【歩いた日】
二〇〇二年一月十四日（月）　曇り

成人式の十四日、曇っているが、雨の心配はなさそうだ。八時五分に国民宿舎「あらふね」を出発した。外に出て缶コーヒーを飲んで海を眺めた。そんなにも寒さを感じないので、むろん海霧など発生しているわけはなかった。

ただ古道歩きにはよいコンディションである。本日のゴールはJR紀伊勝浦駅である。本日の歩行の最終地点はどうなるかわからないが、とりあえず、駅とすれば紀伊勝浦が適当である。特急が停車し、次回の出発駅として都合がよいからだ。

ということで、私は紀伊勝浦駅に向けて出発した。そして数分後、私は海の神様をお祀りしてあると思われる小祠にお参りした。これが本日一回目の参拝であった。カシなどに囲まれていてメジロたちの棲処《すみか》になっているお社だった。

「新田橋」に着いたのは八時十二分。いよいよここからスタートだ。まずは田原川沿いの道を行く。川を挟んで向こう側は国道四二号線が走っている。一〇分後に堂道橋《どうみち》たもとで国道に合流した。ここには堂道バス停があって、そのそばに「地蔵道標」**【第二十六番】**がある。この堂道の地蔵さんは、車がひっきりなしに行き交う道端の狭い所にちょこんとあって、可愛い感じがする。「わくわく熊野平成13年春号」(南紀熊野21協議会情報紙)の『野仏を訪ねて(3)』にこのお地蔵さんが、「堂道の地蔵尊道標」として紹介されてあった。地蔵さんは小さいうえに赤いよだれかけをしていたので刻まれている文字などがわかりにくかったが、この情報紙には、次のようにあった。「年代は不詳で、地蔵の表情は風化してすっかり分からなくなっているが、右側に『右ハくまのみち』、左側に『左ハざいご(在郷)みち』と大きく刻まれている。」

この地蔵さんの前を通って行くと、いったん右におりて国道をくぐる道があり、くぐってJR紀勢本線の線路の方に向かったが、草で道がわからなくなった。『調査報告書東』によれば、線路に沿って古道があるようだが、歩けそうもないので再び国道に戻った。その報告書の地図を眺めているときに、鳥居の形をした神社の記号があったので、訪ねてみることにした。堂道橋を渡って右折し、線路の踏切を渡るとすぐ右手に「宇佐八幡」があった。休日の早朝であり、静かだった。境内には大木が何本もあって古い神社という印象をうける。灯篭の数も多く、狛犬からさらに石段が続いていて、奥まった所に本殿がある。

「宇佐八幡」にお参りをすませ、再び踏切を渡り、道路を歩いているときだった。堂道橋の手前で川に張り出した木の枝に青く光る布のようなものが引っかかっている。変だなと訝《いぶか》りつつじっと目を凝らして見てみると、それは布ではなくてカワセミだった。私は小魚でも捕る場面が展開されるかなと期待して様子を見ていたが、残念ながら川面でくるっと輪を描いたかと思うと、どこかに飛び去ってしまった。それでも貴重な体験だった。何しろカワセミを目の当たりにするのは初めてのことであった。実は、私はここ十何年来「野鳥の会」会員である。会主催の探鳥会には参加したことがないが、自分なりには注意して鳥を見ているつもりである。しかし、大阪府にも生息しているカワセミにはとんとお目にかかったことがない。嬉しいカワセミとの〝遭遇〟であった。

国道四二号線はだらだらの上り坂となっている。「新宮まで29Ｋ」の標識があった。三〇キロを切ったかと思うと感慨深いものがある。しかし、ここは町境とあって民家もなく、車も飛ばしているので緊張を余儀なくさせられる。ここにも歩道があればと痛感する。歩道を歩くことができたらこのような道路歩きもせめて二、三倍は楽しくなるように思う。全国の主要道、国道や県道などに歩道があれば歩く人もきっと増えるのではないかと考えられる。

ＪＲ線路と国道が並行する。那智勝浦町との境は近い

歩くことは健康にもよいのは自明の理のこととして、人々が歩くことが町の活性化につながるのではないだろうか。ハイカーが増えることによって、電車やバスの利用があり、売店なども潤うのではないか。人々の移動は町々に淀んだ空気をかきまぜ、新鮮な風を吹き込むという好影響を与えるのではないか。江戸時代、東海道の宿場などが充実し、人々は伊勢参りなどに出かけ、人的物的文化的交流も盛んであったという。いわゆる物見遊山《ものみゆさん》が発達したのもこの時代であった。都会から隔たったこの南紀地方も過疎化が進んでいるにちがいな

い。事実、古道歩きで会うのは圧倒的に老人が多い。車で観光地を巡る方法もあるが、やはり、少しでも歩行がそこに加わることによって、この地方にも活気が出てくるような気がする。そのためにも、ぜひとも歩道の設置を県なり国なりに要望したいと思う。

自分勝手な言いぶんだが、現在高速道路などの建設が見直されている。建設中止となった場合、職を失う人が出てくるのは当然避けられないことだ。その労働力を歩道建設に回す。何かの折に、この大辺路編が出版されたときにそれを携え、役所に訴えたいと思う。とくに、熊野が世界遺産として登録された場合、この熊野地方一帯に歩道建設を望みたい。

とまあ、坂を上りながらつらつら考えたわけだが、ここでふと頭に浮かんだことがある。それは昨夜宿舎で読んだ十三日付けの「紀伊民報」の第一面の記事内容のことである。その記事というのは、私が中辺路を歩いているときによく利用していた本宮〜田辺間のJRバスに関する記事だった。

記事によると、本宮〜田辺間（65キロ）のバスは栗栖川〜田辺間は今まで通り運行されるが、本宮〜栗栖川（37キロ）はこの三月末で廃止とのことであった。それでは地元の人や観光客が困るというので、本宮〜田辺間はJRに代わって新規参入業者（田辺市・白浜町内のバス会社）が一日四本運行するとのことである。

最初記事を読んだときには驚いたが、実質上は特に変化なしということで、読み終わったときにはひと安心であった。あまり自家用車を利用せず、公共機関を大切にしている「蟻さん」の私とすれば、本宮〜田辺間はもちろんのこと、他の路線ももっと本数を増やして欲しいと思うくらいである。できればJRの列車もそうである。普通列車も特急も増発を願いたいと思う。そのためにもハイカーは中紀や南紀に目を向けて欲しいものだ。私の『蟻さんの熊野紀行』がその一助となれば幸いである。

さて、国道は跨線橋となってJR線を跨ぎ、古座町と那智勝浦町との境の清水峠に至る。国道の右、ガードレールの外側に低い石垣の上に建てられている「口熊野奥熊野境界址」【第二十七番】がはっきりとわかる。その石碑の下はＪＲ線となっている。ここまで国民宿舎を出てから約一時間、順調である。

続いて「上田原分岐の道標」に行く。国道を田原方面にいったん戻る。三、四〇メートルほど行くと、ＪＲ線とは反対側の右に入る道がある（跨線橋までに入口があるので注意）。これより本日最初の山道となる。私は杖として竹を拾った。適当な長さに竹を切るのは難しく、上方がさけた格好になったが、これが結果的にはよかった。杖をつくたびにその裂け目が乾いた音を立てるのであった。いかにも人が歩いているのが、人にも動物たちにもよくわかる杖だった。

「道標」には一〇分ほどで着いた。シダなどを刈っているのでその存在に気づくが、茂っていては見落としそうである。ここよりさらに上っていくと石段も出てきたりする。すぐに下りとなって、しばらく行くと竹林や畑となる。イノシシやシカの防御柵がすべての畑に設けられている。作業をしている人がいて道を訊いてみた。これより先に分岐があるが、それを左にとればいいとのことだったが、道はほとんど不明であろうとのことだった。その人は右に道をとって帰るそうだ（右の道は線路脇に出るとのこと）。

私はいちおう左の道を進んだが、本当に途中でわからなくなった。けもの道か人の道かまったく区別がつかない。道といえば道のようだし、道でないといえば道でない。湿地帯の中を行ったりしてさまよったあげくに結局線路脇に出た。あの人が言った右の道もここにくることになっている。私は線路に上がってみた。前方には近畿大学水産養殖種苗センターとある。どうも浦神湾のまだ湾奥のようだ。私は『調査報告書東』の地図をもう一度眺め、再度挑戦した。

上田原分岐の道標

およその見当をつけて山の方へ上ってみた。低い山なので上るのは容易だった。が、道らしきものはない。とりあえず、さっきの線路脇よりできるだけＪＲ紀伊浦神駅に近い所に下りようとがんばってはみたが、結局、先ほどの線路脇の所から三〇〇メートルしか進んでいない線路脇にまた出てしまった。そこからは線路伝いに歩いた。人が一人通れるほどの踏切があった（奥の谷踏切の手前）。踏切付近で私は休憩した。踏切の向こうの海側には近畿大学水産研究所の建物が見えている。

浦神駅はもう見えているのでここからの道はわかりやすそうだった。畑の中に老人がいたので話しかけてみた。

「こんにちは。あの山のあのあたりを越えて来たんですが、途中で道がわからなくなったんですが、道はあるんですか？」

「いやあ、道はもうないよ。その上に山に入る道があるけども、もうわからんのじゃないか」

「昔はみんなここを越えてたんですよね」

「そうじゃ、昔は通ってたようやけどもな、今は誰も通らん」

「地図によると、このあたりから、えーっとお寺さん、そうそう海蔵禅寺。そのお寺さんへの道があるんですが、ありますか？」

「うん、それはある。細い道じゃけど、そこの二階建ての家の横手を通ってるよ」

「あっそうですか。わかりました。行ってみますわ」

私は畑を囲っている網も気になっていたので訊いてみた。

「こないやって囲ってはるのはイノシシですか」

「うーん、イノシシよりシカじゃな。あいつらは飛び越してくるからな」

「えっ、こんな高くしてあってもですか？」

「それが越えて入ってしまったら、もうどうしようもないわな。夜に来るしな」

「シカは多いですか？」

「時折、電車にはねられるのもいるよ。そこでな」

「ほんまに家のそばまで来るんですね」

「イノシシは昼間はおらんけど、シカには会うこともあるよ」

「じゃあ、これから浦神峠の方へ行くんですけど、可能性があるわけですね」

「うん、おるかもしれれん。まあ、気をつけてな」

このような会話を交わした後、私は十時四十分に「浦神峠」に向けて出発した。山手に少し上がるとたしかに私が「上田原分岐の道標」から越えてきた山の方に入って行く道もある（先ほどの話のように途中で消えているらしいが）。私はその道とは反対側に歩を進めた。「海蔵禅寺」には一〇分ほどで着いた。これより田無川に沿って遡る道となる。鬼頭橋を渡り、続いて高木橋を渡って未舗装の道を行く。「海蔵禅寺」から約一五分経った頃、小さな橋が架かっているあたりに、「この先（トンネルの奥）道路決壊のため通行止　那智勝浦町」と柵が設けてあった。車は行けないが人なら大丈夫かもしれないということで、私はかまわず足を踏み入れてそのまま林道を上っていった。左には釜の谷川（田無川の支流）が流れている。


実は、このまま行くと「浦神峠」には行けないのであった。そのときの私は、トンネルが通行できるか、通行不可能ならどこかに山道の迂回路はないか、ということばかりが頭のなかを占めていた。すなわちその問題のトンネルの付近が「浦神峠」とばかり思っていたのであった。だが、これは大変な間違いであった。その間違いに気づいたのが山を越えて平地に出てからのことであった。

そこで私はどうしたのか。結論的にいうと、平地に出てしまった私は、その地点から「浦神峠」に上り、そして、釜の谷川の方へ下ってきたのであった。下り終えて峠への上り口がわかった私は、さらにもう一度「浦神峠」に上り、そして下ったのであった。ご苦労なことで、何と「浦神峠」を二度越えたことになる。では釜の谷川からの上り口はどこにあるのか。それは、あの通行止めの柵からほんの二〇メートル上がった地点であった。草も生えていてよく見てみると、そういえば道があるかなといった感じである。さらにじっくり見ると、上り口付近には「新宮山の会」の名でピンクのテープが二カ所木の枝に巻きつけてあった。ちょっとわかりにくく、私は見落としていたのだった。「浦神峠」の文字と矢印でもあればなあと思われた。ということで、しばらくは大間違いの話にお付き合いいただきたいと思う。

さて、トンネルのことを気にかけながら林道を上って行くと、犬を連れた少年に出会った。少年にたしかめたところ、あと一〇分ほどでトンネルとのこと。少年はいつも犬の散歩でトンネルの前で引き返しているが、人は通れるらしいが、地元の人が通っていないというので、私の不安はますますつのっていくようだ。

しばらくしてトンネルに着いた。そして、そのときがついにやってきたのであるが、別にトンネル内が崩れている様子もない。向こうの出口まで一〇〇メートルくらいだろうか、出口の輪郭がはっきりしていて向こうの景色が明るく見えている。車であれば振動がよくないのだろうけれど、人一人くらいならそっと行けば大丈夫ではないかと意を決してトンネル〝突破作戦〟を試みた。

玄関前に繋がれている大きな犬を起こさぬような足取りで、忍者のしのび足のような感じで向こうの光を目指した。岩や石コロが落ちていることもなく、きれいに掃除したあとのような内部だ。が、この暗いなかでの整然とした単純な美しさがだんだん気味悪くなってきた。「なんぼなんでもこの自分が通ったときだけ落盤なんてことはないだろうし、それならよっぽど運が悪い、悪すぎる。まあそんなこと起こらへんやろ」とびくつきながらいちだんと早足になった。

トンネルを出て、一挙に緊張が解けた。出てからわかったのだ。なぜ通行止めであったのかが。案内表示では道路決壊はトンネル奥とあったが、トンネル内部ではなくトンネルを出た所であった。トンネルを出てすぐの所で右に大きく崖崩れが起こっていたのだ。これでは車は通れない。トンネル内を必死になって歩いたのはいったい何だったのかとも思ったが、無事であったことをよしとすることにした。

その決壊地点からは下り坂であった。私はトンネルの上部あたりが「浦神峠」なのだろうと思い込んで、どんどん下っていった。右下に美しい青色の池が見えてきた。トンネルを出て二〇分くらいで平地まで下りてきた。二方向から道が合流してきた。平地の地形を見て、ここで初めて自分が通ってきたのは古道ではなかったと気づいた。どうやら合流してきた道のうちで東側の道が峠に通じていることが判明した。

そこで、私は考え込んだ。このまま前に進むか、それとも「浦神峠」に引き返して上るのかと。もう正午近いので、先を急ぐ必要はある。本日は「駿田《するだ》峠」を越えて「天満《てんま》天神社」まで達した後、最終的にはJR紀伊勝浦駅に着きたいと考えていたので、まだまだ距離は残されている。「浦神峠」に戻れば、かなりの時間のロスになる。この二者択一に悩んだ結果、私は「浦神峠」に挑戦することにした。本日の予定は大幅に縮小されても、この「浦神峠」に上るチャンスはそうあるものではない。上るならまずはこちら側からの道がわかりよさそうだ。先ほど私が歩いてきた林道のどこかに峠への上り口があるはずだ。それはぜひともたしかめる必要がある。かりにいつか上る機会があったとしてもその上り口は見つけておかねばならないのだ。そのためにもいま上ること。結局この方法以外にはないということになった。

上るにしても、峠を越えて釜の谷川の上り口まで行って、またここまで峠を越えて戻ってくることになる。この往復の峠越えに、私は果敢に挑んだとはまったくいえず、今後の時間的・体力的な不安を抱えながらの往復計画であった。

まず引き返して、先ほどトンネルから下ってきた道の左方の道を行く。未舗装で軽自動車が通れるくらいの道幅だ。五分ほど歩くと、「道分け石」が道の左脇にあった。これで間違いなく「浦神峠」に向かっていることになる。

とりあえずはひと安心である。石には「右やまみち　左大へち」とあった。

右に庄川が流れているゆるい坂を五分ほど上っていくと、高い堰堤《えんてい》が現れ、そこから数メートル行った所で「地蔵道標」【第二十八番】を確認した。経てきた歳月を感じさせるお地蔵さんである。目の前を普段人が行き交うことのないこのお地蔵さん、こんな寂しい所ではまさに道案内人という感じで、頼りになる存在である。今後ともわれわれ古道を歩く者たちを導いてくれることだろう。

二〇分足らずでやがて庄池の堤に上る。この池はさっき上方から眺めた池であるが、落ち着いた青い色をしていてシーンと静まりかえっている。この堤から池の隅に道が続いている。私は池のそばを歩いて行った。隅が湿地になっていたが、何とそこに約直径五〇センチの窪みが一つぽこんとあった。一目ではっきりとそれとわかるイノシシのヌタ場であった。

その場所から谷を遡って行ったが、どうも道がわからなくなった。いろいろとルートを探ってみたが、わからない。私は、やはり「浦神峠」までの道は消えてしまっており、地元の人や調査の人以外にはわからないのだろうと考え、さらにこのまま勘だけで上っていくのは危険だと判断し、「浦神峠」越えをあっさりと諦め、ここで撤退した。

そして、再び池の堤に出た。複雑な思いがあった。これで往復の峠越えはなくなり、時間的に余裕がもてたので、本日は計画通りに古道歩きを進めることができる喜びと、反面「浦神峠」を残念ながら確認できなかった悔しさとが入り混った心境だった。またこのようにも言える。撤退を決意したとはいうものの、実は内心、峠越えを断念する理由を知らず知らずのうちに見つけたかったのかもしれないと。

庄池の隅にあったイノシシの「ヌタ場」

私は池をぼんやり眺めていたが、未練を残したまま、堤を下りた。何歩か行ったときだった。山中に上っている細い道を発見した。ここに上ってくるときには全然気づかず素通りしてしまっていた。上ってきたときには、ちょうど進行方向とは逆の方向に上っている道だったので見落としていたのだった。私はこれが峠への道なのか自信がもてなかったが、とにかく上ってみることにした。地図によれば、峠への道はちょっと急登してすぐに山腹をトラバースしている。で、実際にそのような道であり、かつ道幅も広く、たぶんこの道で大丈夫だろうと思いながら上っていった。

鞍部に達した。右にとる。落ち葉が多くなり、倒木もある。しかし、まだ道は道として続いており、十分にたどっていける。もう消滅することはないだろう。山頂部が近づいた頃、崩れてはいるが石段が出てきた。これでもうはっきりした。今私が踏みしめているのが「浦神峠」への道であり、峠着は十二時三十二分であった。

ここは「休平《やすみだいら》」ともいわれ、茶屋もあった所である。木がまばらに生えており、どこが道なのかわからなくなった。数分間の後やっと釜の谷川方面への下り道を探しあてることができ、焦りつつ下っていった。イノシシの掘り跡だらけの道であった。道幅はあるが、あまり人は通っていないようだ。約一〇分で林道に降り立つことができた。降り立った地点、つまり峠への上り口は、例の通行止めのそばであることが判明した。前述のように、上り口付近にはピンクのテープが枝に巻きつけてある。

私は、すぐにとって返し、また峠目指して上っていった。一二分で峠に着き、今度はどんどん下って、十三時十九分、再び庄池近くの林道に出た。そこからはつい目と鼻の先の「地蔵道標」まで下り、地蔵さんのそばの堰堤上で昼食と

浦神峠の休平

した。私は昨日の昼食のことで苦い思いをしていたので、今日はあらかじめ国民宿舎で弁当を頼んでいたのだった。お茶もここで飲みきってしまった。どこかで補給せねばならないだろう。本日は正月のあの寒さに比してずいぶんと暖かなため、身体が水分を欲しがっているようだ。

堰堤の上でしばし考えた。「おれは、いったい何しているんだろう?」と。釜の谷川の林道をもっと注意深く歩いておれば、もっと事前にていねいに調べておけば、容易にここへ来ることができたかもしれない。約二時間のロスであった。時間を無駄にしてしまった後悔も手伝ってか、このときの私は空しい思いにとらわれた。「自分は何を好きこのんでこのような所にいるのだろう。誰とも会わない山歩き。昼食も寂しい山中での何と寂しい行為だろう」

それにしても今日は、古道を探すのに苦労する日である。ほんとうに疲れた。疲れたけれど歩き続けなければならない。私はリュックからチョコレートを取り出し、口に入れた。そして気を取り直して、ゴミ等をまとめてリュックに入れると「エイッ」とばかりに立ち上がり、十三時三十五分に出発した。

先ほど、決断して引き返した所まで来た。ここからは向地集落の方に山裾を回って行く。集落内を歩いているとき、前方に青くかすんだ高い独立峰が見えてきた。ここから山まで距離もあるようだ。あれが妙法《みょうほう》山(七四九メートル)なのだろうか、それにしても堂々とした美しい山容だ。

そのまま道なりに山裾を行くと、右に「大原神社」を見て、さらに進むと、道脇に「弘法大師像」と、間隔を少し空けてその横に地蔵さんが祀られている**【第二十九番】**。覆っている屋根もなく雨ざらしであり、石像の二体にはほどよく苔も付いていて、道の雰囲気によく調和している。野草の咲きそろう春にはまた違った趣きが感じられるのではないかと想像する。田植えの頃も収穫の時季もそれなりによさがあることだろう。私は軽くおじぎをしてその場を去った。

庄川に沿って行くと、県道四五号線に合流した。先ほどから前方に見えていた寺社の杜のようなのは、「大秦寺《だいたい》」【第三十番】であった。小山の上に本堂や薬師堂がある広い境内を有するお寺である。熊野七薬師の一とされており、私は参道を上っていき、薬師堂にお参りをすませると、すぐに県道に出た。下和田バス停そばに自動販売機があり、ここで空になったボトルに水分を補給した。

ほんの二、三〇メートルも歩くと三叉路になる。県道から離れて左に道をとる。まもなく「諏訪《すわ》神社」【第三十一番】が道に面して右に見えてくる。バス停から六分後の十四時二十一分に「諏訪神社」に到着した。お参りをすませ、太田川に架かる大宮橋を渡る。渡り終え、三叉路を右に行きすぐに左横に入る。山裾を行くと、左に「太田神社」【第三十二番】がある（諏訪神社ともいうようだ）。神社の前をさらに進む。

市屋峠の地蔵

地元の人に「市屋《いちや》峠」付近の道の状況を訊いたが、とくにわかりにくい所はないと言う。私が朝、田原を出発し、「浦神峠」を越えて来たと話すと、その人は、地元の者も通らない道をよく越えたなあと、半ば賞賛の目を丸くしながらも、半ばあきれ顔でもあった。が、市屋峠越えはうまくことが運びそうなのでひと安心だ。私は左折して細い山道を上っていった。

「市屋峠」には「太田神社」から一五分で着いた。地蔵さんが祀られていた。峠から「与根河池《よねご》」に下る道となる。約一〇分で池の畔に降り立った。この「与根河池」は「グリーンピア南紀」の広大な敷地の一部で、今私が立っているのは野鳥の森と呼ばれている所である【**第十景**】。池に沿って歩いて行くと、池の北隅の道脇に地蔵さんが祀られている。『調査報告書東』の通り順調にきている。私は地蔵さんのそばでひと息いれた。

現在の時刻は十五時六分。「スーパーくろしお30号」は紀伊勝浦駅を十六時一分に発車する。どうやら間に合いそうにもない。次発は「オーシャンアロー34号」で、これは十八時十八分発。ただし、これが大阪方面行きの最終だ。私は十八時には勝浦駅に着くつもりで歩けばよいだろうと思った。あと三時間もある。今まで焦ってきた私であったが、多少ゆとりがもてた気がした。

いざ出発となって困った。どこを行けばよいのかわからないのである。ここはいわば公園のようなものなので、道が複雑に入り組んでいる。ハイキングコース用のもあれば自動車用の舗装道路もある。幅もまちまちである。『調査報告書東』の地図はこの内部の道は書かれていないが、今いる池の隅から北または北東の方に古道は書き込まれている。私の目の前には舗装道路があるが、向かい側には未舗装の林道が見えている。私は横切ってその道を行くことにした。「古道入口」このような案内でもあればとつくづく思う。何しろ、今から行く道がはたして古道なのかどうか自信がもてないのだから。その道には柵がしてあり、ここ「グリーンピア南紀」で楽しむ人のためであろうか、ハイキングコースではないので入らないようにとの指示がしてあった。

ほんとうに地図にある古道なのか不安を覚えながら幅の広い道を行った。左に入っていく細い山道があったが、とりあえず私はいちおう気には留めながらも進んだ。車一台が十分に通れるくらいの幅がある道を下っていった。池の隅から歩き始めて八分で目の前に海が見え、勝浦方面が望めた。本日久しぶりの海であった。道はさらに広くなった。二車線は十分にとれそうである。そのうえ低い草が生えており、フェアウェーの狭いゴルフコースのような感じである。打ち下ろしの難度の高そうなコースと思える。ゴルフコースに距離の目安などでよく木が植えられているが、それにぴったりともいえる楠が一本生えていた。「コース」内でよく目立っている。私は「コースの芝生」の上を、右手に「ゴルフクラブ」の竹の杖を持って気持ちよく歩いていた。列車の音もかすかに聞こえている。

どんどん背中を押されるようにすいすいと下りて行った。突如金網のフェンスが行く手に立ちふさがった。おそらく「グリーンピア南紀」の敷地内に、向こう側から進入できないようにしているのだろう。古道歩きの人もいるのに、このように道幅いっぱいに完全にシャットアウトしてしまうと通行できないじゃないかと、いささかむっとしながら、フェンスの端につかまりながら向こう側に渡った。一歩踏み外すと二、三メートル下の川に落ちてしまうので危険であった。フェンスの向こう側には「関係者以外立入禁止　那智勝浦町」とあり、古道であるのにずいぶんと町もひどいことをしてくれるじゃないかと憤りを覚えた。

フェンスのそばに「大浦浄苑」の建物があった。公共施設のようだ。その前を進んで行った。道路が目の前に現れた。私はどこかの集落に出たのかなと思った。しかし、よく見ると立派な道路だし、車の通行も頻繁《ひんぱん》だ。それに海も近くに見えている。まさかこの道路は国道四二号線ではないか。えっ、何で国道に出てしまうのか。予定では「湯川」で国道に合流のはずだ。

するといったいここはどこなのか。『調査報告書東』の地図でたしかめた。今いる私から右手の方にトンネルがある。左手の方にも見えている。さらに鉄道も並行に走っている。となると、この地点は「太地《たいじ》」と「湯川」間の森浦湾沿いの場所になる。つまり、私は完全に古道をはずれて大きく道を右にふってしまい、国道まで下りてしまったということであった。先ほどの「大浦浄苑」は、し尿処理場と地図には表記してあり、古道はそこよりずっと東の方の山の中であった。

しまった。大失敗であった。それにしても、じゃあいったいどう行けばいいのか。もう一度あの池の隅まで戻らねばならないのか。それともここより古道への道があるのか。これは大変なことになった。私はしばらく考え込み、戻るしかないだろうと思った。そして、頼りは、あのピンクのテープであった。先ほどの「ゴルフコース」に楠があったが、その枝に「浦神峠」への上り口を示すものと同様のテープがあったのを見つけていたからだ。下っているときは、「ゴルフコース」の広い道が古道であることを示しているのではないかと思っていたが、今はとにかくそこへ戻るしか方法がなかった。

フェンスにつかまりながらまた越えて、今度はあの「ゴルフコース」が打ち上げコースとなって上っていった。フェンスは古道歩きの者を邪魔するものではなかったので、那智勝浦町には謝らねばならないなとも思ったりした。

楠のテープを見た後、踏み跡をたどって山中に入った。ロープも垂らしてあり、急な坂道だ。上りきってからは尾根道となり、間違いなく北東に向かっているので古道であることが確信できた。あの楠のテープは古道への入口を示してくれていたのである（「グリーンピア南紀」は二〇〇三年三月末で営業終了となった）。

尾根道から、谷筋を下る道となる。川床は平たい黒い岩となっている。全体に歩きやすいので私は時間を取りもどすように大股で急いだ。楠の入口から約一六分で二河川《にこう》の川岸に出た。橋を渡ると左畑《さばた》の集落だ。時刻は十六時五分前。本日紀伊勝浦駅終了は予定通りであるが、できれば勝浦よりひと駅新宮寄りの紀伊天満駅まで行きたかった。天満に行くには「駿田峠」越えの道となる。

今から湯川まで行き、そこから峠を越えて、紀伊天満駅に着く。そこからは、バスなり電車なりタクシーなりで紀伊勝浦駅に向かう。これが二時間で可能か。無理かもしれないなと思いつつ私は湯川への道を急いだ。

まず、二河川を渡ってすぐに右にとり、一般道を進んで行く。左の方の山裾を行くために左折し、そのまま道なりに行く。山と山の間の上り坂を行って下った所が「ゆりの山温泉」である。そしてここを通り過ぎて右手に「ゆかし潟」**【第十一景】**が現れる。山間にある湖のような感じがするが、海とつながっているので森浦湾のさらに奥にある入り江と考えたらよい。周囲約二・三キロの汽水湖である。新宮出身の詩人・小説家の佐藤春夫は、「なかなかに名告さるこそ床しけれゆかし潟ともよばめし呼ばまし」と詠んで「ゆかし潟」と命名している。

「ゆかし潟」を右に見て行き、橋川橋を渡って右折する。やがて湯川温泉街が見えてきた頃、十六時二十三分に国道に合流した（湯川温泉バス停があって、佐藤春夫の歌碑はここより南に五〇メートルの所にある）。これでおよそ「ゆかし潟」を半周したことになるかもしれない。

私はこの後どうするか考えた。国道四二号線を紀伊勝浦駅まで歩けば三、四〇分で着けるだろう。すると十七時か。特急の発車時刻まで一時間余りあるので、ちょっと時間がもったいない気がする。時間を有効利用するなら、この先再び山に入って「駿田峠」を越えて紀伊天満駅まで行くことだ。ただし、峠越えの道がどのような道かわからない。さっき地元の人に訊いてみたが知らないとのことだった。たぶん人があまり通わない道なのだろう。もうすぐ暗くなるので、やはり峠越えは断念したほうがよさそうである。私はそう決めると十六時二十八分に国道を勝浦に向けて出発した。

上り坂になる。旅館もいくつか見える。この湯川温泉は歴史も古く、熊野詣での際にはここで湯垢離《ゆごり》をとったといわれている。もし、田原から歩いてもう一泊するとなると、勝浦温泉よりこの湯川温泉のほうが古道歩きにはふさわしいようだ。またこのあたりに来ることがあれば泊まってみたいと思う。

桜が丘団地前バス停を通過した。国道の「湯川トンネル」が近づいてきた。このトンネルの存在については地図で知っていたので、先ほど地元の人に訊いて、人も通行可能であるとのことだった。『調査報告書東』によると、このトンネルの手前に「駿田峠」への入口があるようなので、次回のために場所と様子をたしかめておこうと思っ

ゆかし潟の畔にある佐藤春夫歌碑

た。

やがてトンネルが見えてきた。私は勝浦に向かって右側の歩道を歩いていたが、「湯川トンネル」の横に小さなトンネルが見えてきた。自動車用とは別に人のためのトンネルがわざわざつくられていたのであった。これはすばらしい。ぜひともどのトンネルでもこうあってほしいと願う。ちょうど今回、私が各道路に歩道建設を考えたように人への配慮がこのようにあればなあと思われた。

さて、『調査報告書束』には、材木所が入口となっていると書いてあったが、なるほど私からすれば国道を渡って向こう側にそれらしき建物がある。私は注意深く国道を横切り、そこまで行ってみた。日曜日のせいか人影が見えず、建物の方に近づいていくと、犬だけがやたら吠えた。犬の前を通り、製材所を抜けるとすぐに山道になった。しかし二つ道がある。私は道幅の広い方にちょっと足を踏み入れた。何となくこちらの方が古道のような気がしてきた。そして、ここまで来たのならこのまま「駿田峠」を越えてみようかという思いがむらむらとわき起こってきたのであった。が、ほんの一分ほど考えたすえ、結局は中止することにした。まずもって道の様子がわからない。途中で消えていたとしたら、もう時間的にもこれは危険な状態になる。それに黄昏《たそがれ》どきのいまは、そろそろイノシシたちの活動が始まるのではないか。ということで、私はまた国道に引き返した。あの犬の前を通って。

私は湯川トンネル横の人・自転車用のトンネルを通っていた。釜の谷川上流のあの通行止めになっていたトンネルとは違って、災害の心配もないこちらのトンネルでは、全く安心しきってかつ堂々と歩いた。竹の杖は快い音を響かせた。トンネルを出て、はたと気がついたことがあった。この杖である。次回もここが出発点となり、何日か後にここに来ることになる。こうして難路をともにしてくると愛着もわく。そこで、次回も使えるようにここに置いておくのがよいと思ったのである。

私はトンネルを出て、人目につかない所に杖を置いた。トンネルを出ると下り坂になった。もう十七時近くなっている。あたりも薄暗くなりだした。前方には勝浦温泉のホテル浦島付近が見えている。坂を下りていくと明るくなって都会に来た気分になりそうな雰囲気だ。紀勢本線をくぐって、あとは線路沿いに行き、十七時十分にＪＲ紀伊勝浦駅に着いた。

まず切符を買った。その際に駅付近でお風呂（温泉）につかれる所はないかと訊いたところ、駅の裏にホテル（勝浦シティプラザリゾートホテル）があってそこでは入浴だけも可能とのことだった。せっかく勝浦に来ているのだから温泉につかるのもよい。われながらよい思いつきだ。

私は温泉につかったのち、ついでにそのホテルで食事もとって、十八時十分に駅のプラットホームにいた。古道歩きをして以来、風呂に入って帰途につくのは初めてのことだった。冬の夜のホームだったが、さわやかな気分だった。

「オーシャンアロー34号」は定刻通りにやってきた。車内は空いていた。私は座席に座るやいなや缶ビールを取り出した。本日はいろいろあったなあと振り返り、ぐびっと一口やった。これから三時間余りの乗車である。この特急は「くろしお」と違って座席もいいし、照明の色もいい。いい気分に浸り、私は列車の揺れに身をまかせながら、この二日間の無事を感謝した。そうこうしているうちに、車内アナウンスは、次の停車駅は串本であることを告げている。外は真っ暗で何も見えなかった。列車は大阪に向けて走っていた。

コースタイム

新田橋（田原）（15分）堂道地蔵・宇佐八幡（30分）口熊野奥熊野境界址（15分）ＪＲ紀伊浦神駅・海蔵禅寺（15分）浦神峠上り口（20分）浦神峠（20分）地蔵道標（5分）道分け石（15分）弘法大師像・地蔵尊（5分）大泰寺（15分）諏訪神社（5分）太田神社（15分）市屋峠の地蔵（20分）与根河池北隅の地蔵（25分）左畑（30分）湯川温泉バス停（10分）駿田峠入口（国道四二号線湯川トンネル手前）

※口熊野奥熊野境界址上から上田原分岐道標へは往復二〇分。ただし、この道標から浦神駅裏への山越えの道は不明瞭。

蟻さんの砂糖船（三艘目）「クジラ丸」の巻

南紀の捕鯨

①　**捕鯨の発祥『江戸時代図誌　畿内二』（筑摩書房刊）より抜粋**

黒潮おどる熊野の海は、勇壮な水軍と漁民を生んだ。熊野水軍の名は源平争乱の時代から一躍史上にあらわれ、源氏の壇ノ浦における平家撃滅の主力部隊も熊野水軍であったし、南北朝時代には北畠親房に従って活躍したし、かたや幕府についで西国運送船の警護にあたったりもした。

こうした熊野水軍の太地和田宗家の頼元が、慶長十一年（一六〇六）捕鯨業に踏み出し、刺し手組を組織したのが、捕鯨専業化のはしりであり、わが国捕鯨業の嚆矢《こうし》であった。刺し手組というのは、銛突《もりつき》捕鯨法をとったのであるが、これには泉州堺の浪人伊右衛門と尾張師崎の漁夫伝次が参与したという。慶長十七年（一六一二）鯨船三十九隻、寛文二年（一六六二）にいたってかの絢爛たる独特の塗飾をほどこした鯨船ができあがった。

その後、延宝三年（一六七五）に網と銛の併用捕鯨法がとられ、にわかに捕鯨が盛んとなり、太地では全浦捕鯨に従事するようになったし、各浦々でも競って捕鯨をおこなったので、沖合の作法も乱れ、いざこざも頻発したので、ついに「鯨突定書」をつくって同業者自主規制せねばならぬほどになった。時を経ず延宝五年（一六七七）捕網鯨法が考えられるにいたっては、太地浦の戸数が二百五十から、いっきょに数百になったという。

一方、太地とならんで古座・三輪崎も捕鯨の浦として栄え、寛文四年（一六六四）には藩が古座浦に鯨市役所をおき、ここに鯨船・銛・網など捕鯨いっさいの道具を揃え、つねに三千人の漁夫を養うという力の入れようであった。

ところで、捕鯨集団は浦々によってそれぞれ強固な共同体を形成し、そこでは賃金遺物・報償・税・贈物から救済法まで厳重に定められ遵守された。太地浦の元禄年代の資料によると、遭難時の遺失物補償が手拭一本にまで及んでいるし、「死米定」として捕鯨に従事するものが業務のため死にいたったときの救済法がこと細かに定められており、家族の死亡時の手当なども決められ、補償制度が確立していたことは注目に値する。捕鯨集団社会はすでに近世において、近代社会とまったく同等の社会制度を生み出していたのであった。

② 太地と古座『海と列島文化第八巻伊勢と熊野の海』（小学館刊）より抜粋

本州最南端の潮岬から程近いところに、近世、鯨猟で栄えた太地と古座の両浦がある。太地浦は深く湾入した良港をもち、古座浦は熊野灘にそそぐ古座川を抱えるなど、いずれも鯨猟に適した立地条件を備えていた。その沿岸に鯨猟の浦をいくつも抱える熊野の海は、豊かな魚群を運ぶ黒潮が最も陸地に近く流れる海域で、鯨もまた、秋から春にかけては、東から西へ（上り鯨）と、また、春から夏にかけては反対に西から東へ（下り鯨）と回遊した。（略）熊野の鯨猟、とりわけ太地・古座の鯨猟は、本格的な組織鯨猟として行われたところに特色がある。それも近世初頭という早い時期から開始されたことが、太地をしてわが国捕鯨業の発祥の地といわしめたゆえんである。

深く湾入した天然の良港をもつ太地には、湾の奥部に向島という島山があり、その島の内ふところに太地浦と水の浦と呼ばれる二つの浦がある。民家はこの両浦の東岸に沿って密集する。湾を挟むように先端に突き出た両側の岬は、島が陸地につながったような形をしており、その突出部から島の上部にかけては全体にほぼ平坦な台地が連なる。太地の浜は、那智山系の小丘群が押し出た格好の台地に阻まれて、陸続きでありながら背後の陸地とは遮断されているかのようである。熊野へいたる大辺路も台地の後ろ側に設けられていて、当時、陸路を使って太地の浜へ行くのには多くの困難がともなったという。太地の住人は、当時、海を利用する以外に他所へ行く手段はなかったのである。そのことは、彼らがいつも海にだけ眼を向けて生活していたことを如実に物語っている。

他方、古座の地形をうかがうと、古座川河口の東岸にあるわずかな平地に民家が肩を寄せ合うように建ち並び、その背後には小高い丘陵が急激に迫っている。古座には太地のような湾入した良港はないものの、この河口と海を利用してさまざまな漁業を営むことができた。古座には田地が皆無に等しく、とうてい、農業に依存することは不可能であり、やはり、太地同様、海の恩恵を受けながら日々の生計を営んだのである。何よりも、鯨猟に不可欠な浜が、対岸の西向の浜をも含めて、河口付近にあったことが、後発ながらも古座で鯨猟が隆盛をきわめる一因となった。このように、両浦は、鯨猟を行ううえで恵まれた自然条件にあった。これらの条件を最大限に利用して大掛かりな鯨猟が展開したのである。

③ 昭和五十五年の鯨漁猟『熊野古道大辺地』芝村勉著（機関紙宣伝センター出版刊）より抜粋

晩秋から冬にかけて、南紀の沖合にゴンドウクジラの群が姿を見せる。五十五年の一月六日、午前九時頃太地町梶取《かんどり》崎沖の南方約十八キロで、鯨漁専門の突枋《つきんぼ》組合の漁船七隻がゴンドウクジラの大群を発見した。六時間がかりで約二十キロ離れた、ここ津荷漁港に追い込み、二十頭を仕留めている。漁船は五―八トンの小型で、乗組員は総勢十四人だ。追われて漁港の浅瀬に乗り上げたゴンドウクジラは体長三―五メートルで、水飛沫を挙げて大暴れしたが、敢えなく初漁の獲物となった。漁師達は「正月のお年玉」と声を弾ませ、こどもたちは「津荷にクジラが追い込まれたのは初めてや」と大驚き、国道四十二号線沿いとあって見物人が詰めかけ、人とクジラの壮絶な闘いに息を飲んだ一刻であった。クジラは太地漁協の市場に運んで解体するが、一頭七万から十万になるという。

五十五年には十一月二十八日にも同様、梶取崎沖でゴンドウクジラ約五十頭が発見され、午後から津荷漁港に追い込み、二十九日朝からモリで次々と仕留めている。漁港内は背びれを立てて逃げ回ったり、丸い頭だけを出して集まるクジラで狭く感じられたと

「捕鯨図屏風」（部分）より

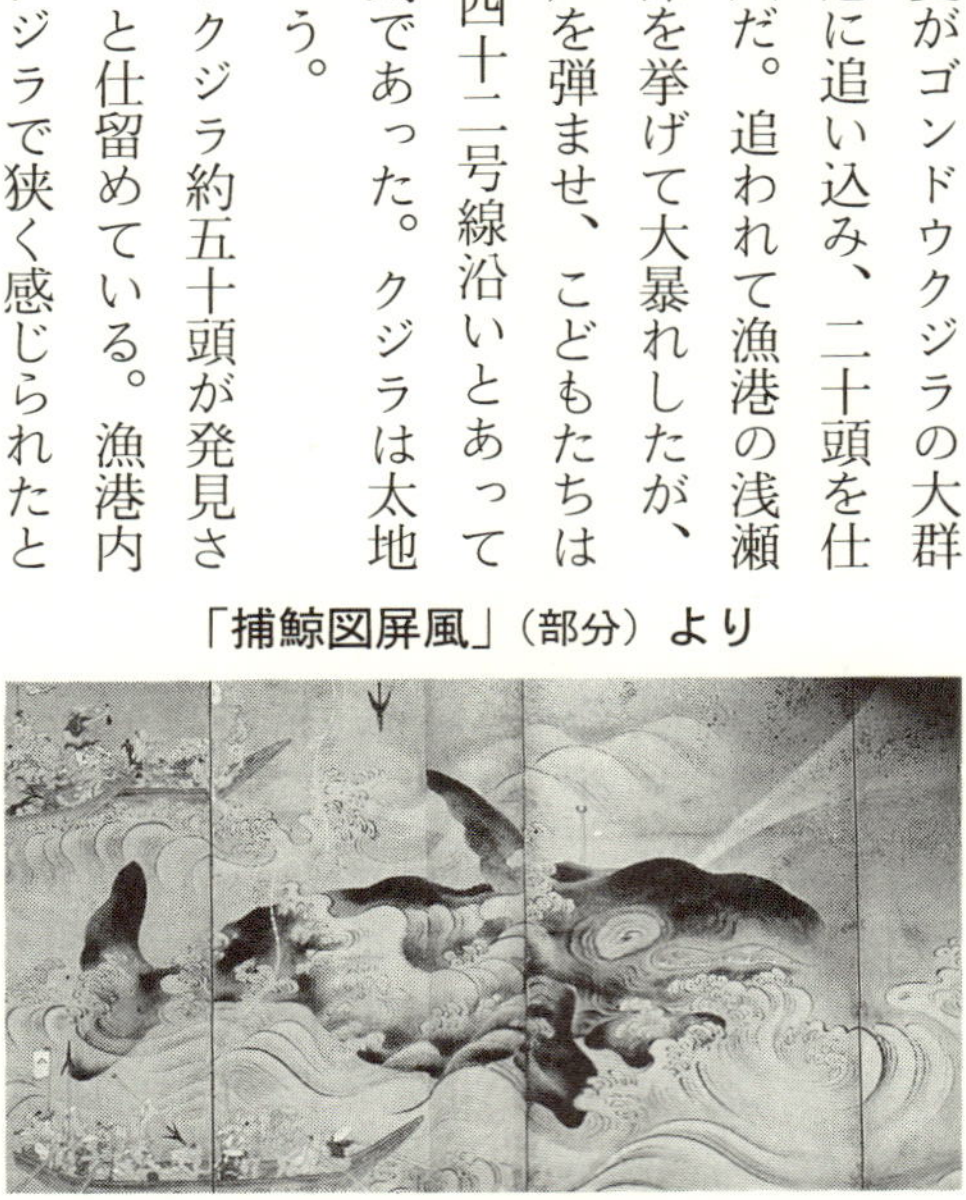

いう。

いずれも体長は四―五メートルで、付近の海岸はこの豪壮なクジラ漁の見物客でひしめいたのだった。日頃は静かな津荷にとって、特筆すべきイベントである。※芝村氏は大辺路を大辺地としている。

文学に見える南紀・熊野路⑧

中上健次『夢の力』

（古座町田原）

熊野川の川口には新宮市があり、古座川の川口には古座がある。夏をその古座の隣町田原で過す事にして二年目になる。その田原の家は、串本で「目張り屋」という、この山の多い土地だから出来た高菜の葉で飯をくるんだ、めはり寿司を売る森沢さんの、旧宅である。その家から海水浴場まで大人の足で一分、子供の足で三分。海水浴場の横に川があり、幼い娘らが泳ぎにあきると、シャワーをあびさせ服をきかえさせ、釣道具を持って行く。日が暮れ切ってしまうまで釣をするが、嘘のように釣れる。都会で暮らしていた者には夢のような生活である。釣った魚を女房に渡して煮させた。味が辛い。東京生れ東京育ちの女房は、しょう油に関して鈍感である。素うどんというものを幼児期に食べた者と、あの掛けうどんを疑うことなく食った者の違いはここに極まる。ついでに悪口を言うと、それにわが女房殿、腹のシンから強情である。親の育て方が悪いせいで、料理というもの、カレーライスと鶏の空あげしか作れないのに、「辛いよ」と言っても、「あら、そう」研究心も向上心もない。思いあまってカレーライスと空あげばかりじゃ生きている気がしないからと言うと、昔それでも一ヵ月ほど習ったというギョサイ料理学校のテキストをひっぱり出してきた。それでも辛い。「分量どおりよ」と女房は言った。分量どおりが女房の口ぐせだが、そんな言い方をする女房にあるのは、野菜や肉を使って化学実験しているような物の考えである。話はそれたが、どうか紀州生れの男なら、東京生れの女をたとえ生命を奪うと脅されても女房に持つものではない事を言っておきたい。（天下の絶品より）

◆**中上健次《なかがみけんじ》**（前出）

八　難所でカメラを落とし、探しあてた私

紀《き》伊《い》勝浦《かつうら》から新宮《しんぐう》へ

―美しい砂浜（王子ヶ浜）に感動の道―

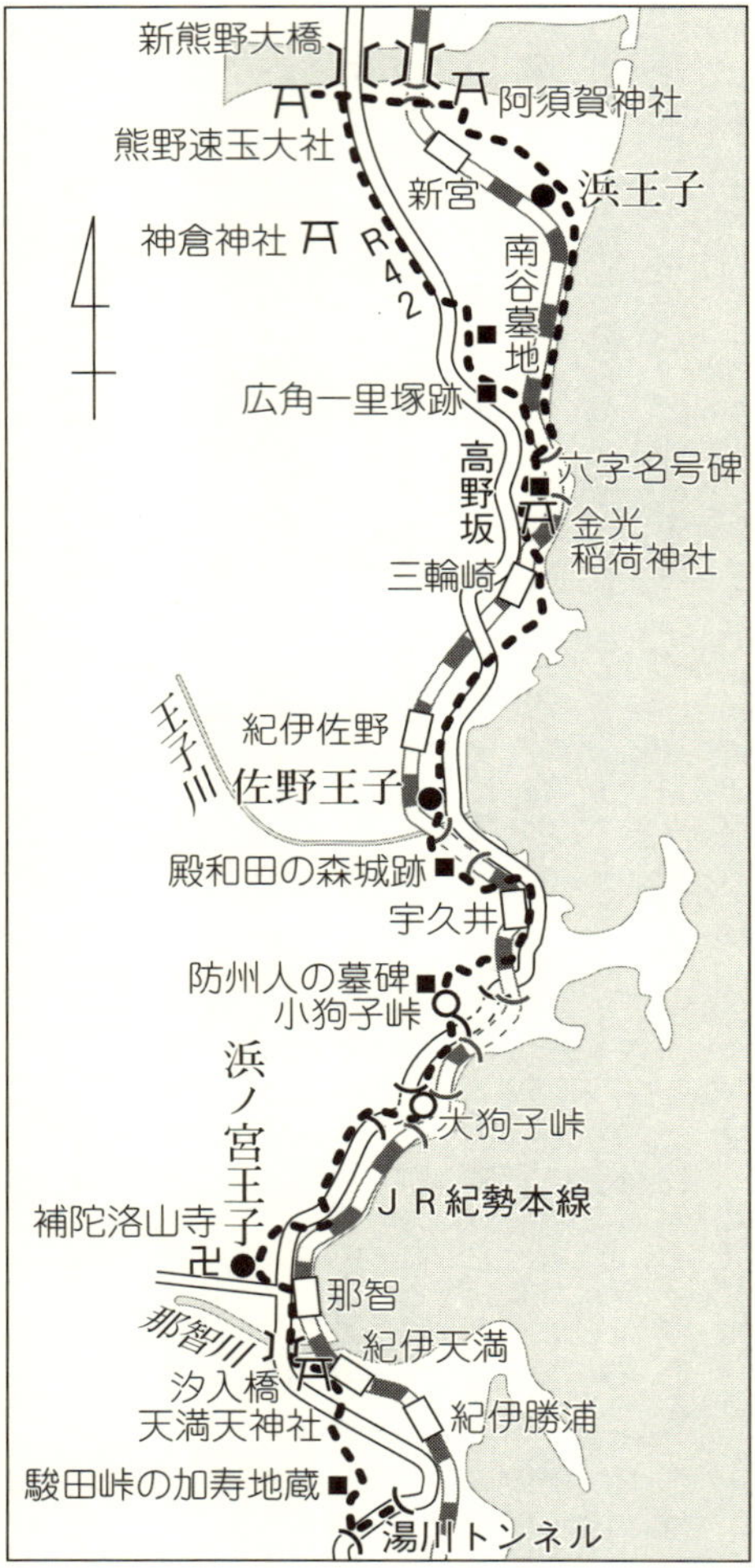

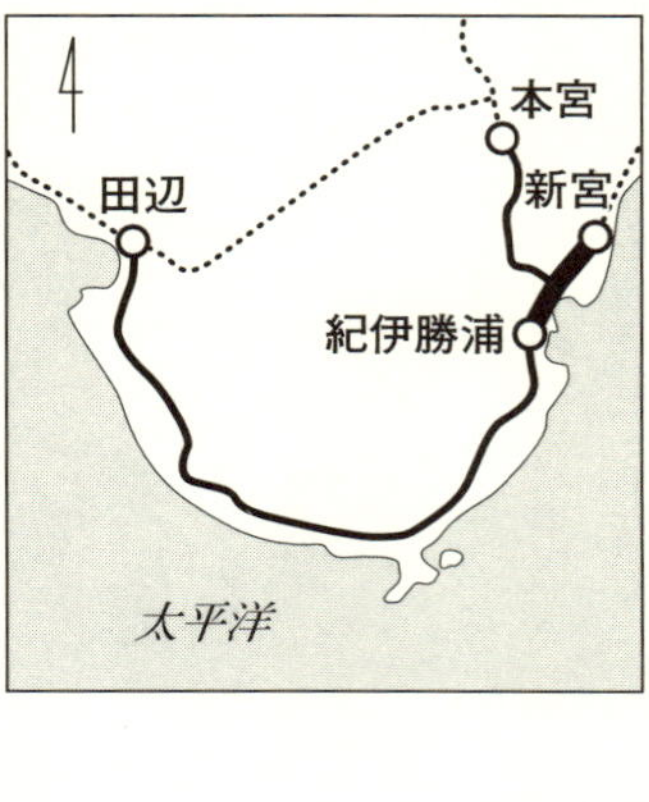

【歩いた日】二〇〇二年二月十二日（火）　晴れ

ＪＲ稲原駅を紀伊田辺行きの普通列車で通過したときに白い花を咲かせた梅林が見えた。もう満開は近いようである。本日はＪＲ鳳駅五時五分始発の和歌山行き普通に、和泉府中駅より五時十三分に乗車した。大阪・堺からはこれが阪和線の始発である。和歌山駅で紀伊田辺行きに連絡しており、紀伊田辺駅では新宮行き普通に連絡している。そして、新宮駅着は十時四十分。大阪から南紀へ行くにはこの乗り換えがその日最も早く着ける方法である（スーパーくろしお1号は十一時五十二分着）。

和泉府中駅までは、息子が車で送ってくれたのだが、まだ暗い朝五時前に自宅を出発したのは、古道歩きで初め

てのことであった。列車は暖房がきいておらず、そのうえ乗客も少なくて寒々とした車内であった。そして、ちょうどこの時、ソルトレークの冬季オリンピックでは五〇〇メートルスピードスケートの競技中であり、清水が金メダルを獲得かどうかという時間帯であった。その結果は本日新宮から戻り、午後十一時頃にテレビで知ることとなった。

幸いに和歌山駅からの列車は暖房がよくきいていてほっとした。本日は平日とあって各駅で乗降客が多くあり、なかでも高校生の姿が目立っていた。私の職場では休日勤務のために本日は代休となっており、天候は冷たいが雨の降る心配もなさそうなので、こうして早朝からの出発となったのである。

周参見駅には八時四十分に着いた。駅には上野さんが来てくださっていた。本日もいっしょに歩いてくださるのである。本日のコースは何ヶ所か難儀が予想される所があるので、私の身を案じて同行してくださることになった。長井坂越えもいっしょに歩いてくださったが、その坂越えの前にこのようなお手紙をいただいていた。

「……周参見から南は分からない所も多く、一人歩きは不気味で不安です。一人より二人の方がより安全です。『大辺路街道の良さを見付けてやろう』と思う遠来の客人に出来るだけの事をしたいと私は考えています。中辺路街道はともかく、大辺路街道は通るも人なく、行政も区民も手を入れず、荒れるにまかせた所があって昔日の面影はありません。かつては生活道であり、参詣の道として往来した大辺路街道は、これから山歩きの道として現在社会に受け入れられないか、そんな事を考えたりしています。……」

上野さんのこのお手紙により、私は「そうか自分はなぜ大辺路を歩いているのか、その目的の一つに、大辺路のよさを見つけることにあったのか」と思いいたったのであった。上野さんのお考えのなかには、この大辺路を信仰の道としてだけではなく、観光の道としてということも視野に入れておられるようである。私なりに設定した「私の新大辺路」もそれに通じているように思う。「四国遍路」は若者たちの間でも回る人も多く、ひそかなブームとなっていることには違いない。交通の不便なこの南紀地方であるが、この大辺路のよさを広く江湖《こうこ》に知らしめたいと思う。

さて、上野さんの運転で車は枯木灘沿いを走っている。南の潮岬方面の上空には青空が広がっており、このような日はいい天気になると上野さんはおっしゃる。昨日は今冬一番の冷えこみであったが、どうやら今日は穏やかな天候になりそうだ。車は国道四二号線を走っている。ああ、ここを左に民家のある方へ入って行ったとか、ここは砂浜を歩いた所だとか二ヶ月ほど前に歩いたことが思い出される。

十時過ぎには湯川トンネルを通過した。田辺駅を発車したあの列車は紀伊勝浦駅着が十時十七分なので、車のほうが列車より速いことになる。大阪では考えられないことだ。列車の本数も少なく、スピードの出せる直線区間が多くないこの地方では、列車より車が速くて便利であることは間違いなさそうだ。残念ながら、こうしてますます列車の本数は減っていくのかもしれない。

ＪＲ紀伊天満駅近くまでそのまま国道を走って、車の置き場所を探した。本日の予定では新宮まで歩き、その後私は特急に乗車するのだが、上野さんは普通列車で車を置いた駅まで戻る必要がある。したがって車の置き場としてはできるだけＪＲ駅付近が望ましい。そしてご苦労なことに上野さんはそこから車でご自宅の日置川町まで帰っていただくことになる。

紀伊天満駅近くに町営駐車場を確認し、再び車で湯川トンネル方面に戻り、私はトンネルの手前で降ろしてもらった。上野さんは車を置くために紀伊天満駅へ引きかえしていかれた。ということで、「駿田峠」へは私一人で歩き、二人の待ち合わせ場所は「天満天神社」とした。

十時二十八分、古道歩きは開始された。まずは、あの竹の杖である。前回に隠し置いた所で彼は待っていてくれた。本日も彼との古道歩きである。トンネルを出てすぐに国道を横切り、製材所の方に入っていく。ちょうど二人の人が作業場から外に出ておられたので、道に関して尋ねてみた。非常にていねいに教えてくださった。道はあるが、枝分かれしているので気をつけるようにとのことであった。

製材所の敷地を出てすぐ、左の方に木の小橋を渡る。枕木が二〇本ほど敷いてあって道がつくられている。橋から約二〇メートルの地点に自動二輪の残骸があった。先ほどの人の助言によると、そこを右に上がるようにとのことであった。古い石段が出てきて坂を上っていくと、すぐに左手に「地蔵尊」が祀られている。そのまま道なりにだらだらと坂を行くと、十時四十九分に林道の終点と思われる所に出た。ちょうどそこより二一メートルほど上に「加寿《かす》地蔵」**【第三十三番】**が祀られていて、階段もついている。

この「駿田峠」は掘割りになっており、そこから山腹のゆるやかな坂道を下っていくことになる。ヒヨドリの甲《かん》高《だか》い「ピーイッ」という鳴き声が聞こえ、下からは学校があるのか子どもたちの元気な大きい声もしている。やがて民家近くとなり、勝浦観光ホテルの玄関前に出た。ここからは海も見えるし、北の方には山々が連なっている。ホテルから国道四二号線に出て斜めに横切り、町立温泉病院手前で左に道をとり、川幅の狭い天満川を渡って国道と並行に走る集落のなかの道を行く。右手の方に大木が見え、右に折れると「天満天神社」**【第三十四番】**で。十一時十五分に神社に到着した。上野さんと打ち合わせ通りにここで合流し、続いて線路沿いの道を行く。

酢の醸造元があり、清水が出ていて近所の人が汲《く》みに来ていた。何でも妙法山の伏流水が清水となっているのだそうだ。『調査報告書東』では線路沿いに進み、那智川を渡ったらしいと推測しているが、ここから線路沿いには道がないので国道に出た。国道に出てすぐに汐入橋を渡る。下はあの那智の滝からの水が流れている那智川であるが、川幅は河口であるにもかかわらずそんなに広くない。

補陀洛山寺と振分け石

車が頻繁《ひんぱん》に行き交う狭くなった国道を行って、那智駅前交差点を左折すると、「補陀洛山寺《ふだらくさん》」の甍《いらか》が見えてくる。その右手には大楠などに囲まれた通称「浜ノ宮」すなわち「浜ノ宮王子跡（浜ノ宮大神社《はまのみやおおみわやしろ》）」【第三十五番】がある。道脇には古く苔むしていて字も判別しづらい大きな「振分け石」がある。そばには新しく建てられた「熊野道」と彫られた石碑と、「歴史の道」と書かれた案内板がある。次回の予定とすれば、ここを出発点として大雲取・小雲取越えを経て本宮への道を考えているが、三月には実行したいものである。

「浜ノ宮」は「渚の宮」とも呼ばれ、那智湾に面しており、熊野詣での人々が潮垢離をして身を清めた所である。また、一度大和侵入に失敗した神日本磐余彦尊《かんやまといわれひこのみこと》（のちの神武天皇）が紀伊半島を迂回し、再び大和攻略を目指してこの地に上陸したといわれている。境内には「神武天皇頓宮跡《とんぐう》」の大きな石碑もある。樹木を背景に立派な社殿があって境内は広く、大辺路では第一級の王子社であろう。那智大社への観光道路のそばに位置しているが、静かないい神社であった。

この「浜ノ宮」に隣接しているのが「補陀洛山寺」である。仁徳帝の時、熊野浦に漂着したインド僧裸形《らぎょう》の開基と伝えられるが、現在の建物は室町時代の様式を継いで一九〇〇年に再建されたものであり、古寺の雰囲気は漂ってはいない。それでもやはりこの寺は「補陀洛信仰」の歴史ある寺である。「補陀洛信仰」とはいわば海上信仰であって、南の海原には観世音菩薩の補陀洛浄土があり、そこに至れば成仏できるという信仰である。人々はこの那智の浜からその浄土に行けると信じ、わずかな食糧を持って必死の船出をしたのであった。この宗教儀礼を「補陀洛渡海」というが、最初の渡海者は貞観十年（八六八）の慶龍上人で、以降享保七年（一七二二）まで二〇回、百人を超えたという。

また、平家の武将平維盛《これもり》（平重盛の嫡男）もここで没しているのはよく知られている話だ。平家の悲運を一身に背負うかのように四国屋島を脱出した平維盛は、寿永三年（一一八五）の三月二十八日に那智の浜から船出し、山成島から入水往生を遂げている。『平家物語』巻十では「『南無』と唱る声とともに、海へぞ入給ひける」とある。

彼の供養塔や彼の妻時子の供養塔も寺の裏手にあるようだが、今回は時間の関係上訪ねることはしなかった。次回にはお参りしようと思う。

「浜ノ宮」に到着後、約一〇分で出発した。本日は新宮までなのでかなり歩行距離がある。まだ本日の行程の四分の三は残されているであろうか、がんばらねばならないと自分に言い聞かす。しばらく国道に沿っている道を行き、五〇〇メートルほど行くと国道に合流する。ちょっと向こうには紀勢本線も接近している。続いて国道を右斜めに横切り、民家（廃屋？）への道を進む。民家やその畑の横を通って行くと線路脇に出た。

そこに自然石の「浜田の巡礼道標」**【第三十六番】**がある。そこからは国道に通じている道があって再び国道に合流し、国道を進む。右手は海であり、海面は波立ってもおらず穏やかな表情を見せている。行く手には「大狗子《おおくじ》峠」も眺められる。昔は舗装された国道ではなく海べりの古道を歩いたわけだから、さぞや巡礼たちは潮風に心地よく吹かれて道をたどったことであろう。南紀という所は、海や山の自然が懐深く人を受けいれてくれる、そんなぬくもりのある地ではないかと思えてきた。

ここは「赤色の浜」と呼ばれ、その大昔、神武天皇軍と地元の豪族丹敷戸畔《にしきとべ》軍との戦いで流された血潮で海が真っ赤になったという伝説のある所だ。しかし、今日の海はそのような戦闘をしのぶよすがもないほどにやさしく明るい青色をしていた。

やがて目の前に大狗子トンネルが大きく口を開けているのが見えてきた。ここにはほかに旧国道と紀勢本線のトンネルが二つあり、合わせて三つのトンネル群の上を古道が通っている。大狗子トンネル手前を左折し、ほんの五〇メートルほど行って、右にトンネル上部への林道を上る。トンネルの上にさしかか

あまり人も通りそうにない大狗子峠

ると、道が二つに分かれ左の方の道を上る。少し上ると右に何やら山道らしきものがある。人が通っている様子はないが、どうやらここが「大狗子峠」であるようだ。竹林の中を行くとやがて石段が現れた。間違いなく古道である。峠の通過は十二時三十三分であった。

峠から下ると林道に出る(先ほどのトンネル上部にあった林道の迂回してきたもの)。そこから下には旧国道と紀勢本線が走っていて、道はその二つに挟まれた間に下りていくことになる。ほんの二〇〇メートルほど行くと旧道は国道に合流する。再び国道を行く。またまた行く手にはトンネルが見えていて、今度は「小狗子峠《こくじ》」越えになる。

小狗子トンネル手前約三〇〇メートルで左折し、山に向かう。山腹には林道があって、その林道を横切ってさらに山に入っていく。国道からすれば一〇分あまりで「小狗子峠」に着く。茶屋跡と思われる平坦な場所もあり、すぐに下りにかかる。小さな「但馬《たじま》人の墓碑」を左に見て、続いて「防州人の墓碑」**【第三十七番】**が現れる。これは立派な墓石であり、さらに覆いとなる屋根もつくられている。誰かゆかりの人でもいるのであろうか、お花も供えられてあり、青色のポリバケツもきちんと置いてある。防州とは周防《すおう》の国のことであり、今でいうと山口県東部にあたる。この熊野巡礼にはるばるやってきてこの地で客死したのであろうが、碑刻によると今から一七〇年ほど前に建てられたものである。これからもお地蔵さんと同様、大辺路を行く旅人の安全を守ってくれることだろう。私は手を合わせてその場を去った。

墓碑のあった所あたりから石畳が現れた。苔も付いていて古道の雰囲気が漂うが、それもほんのつかの間。やがて峠への手前で横切った林道に合流する。そのまま下ると、ニュー勝浦団地の広く新しい道路に出て、渡ってまっすぐに行く。山裾を巻くようにだらだら坂を下っていくと。紀勢本線が近づいてきて踏切を渡って国道に出る。長野川沿いのこの踏切のそばの民家の石垣脇に「高津気《こうづけ》の道標」**【第三十八番】**がちょこんと置かれている。つい見過ごしてしまいそうな感じに立てかけられているが、斜めに傾いている。うち捨てられた感じも否《いな》めないのでどうにか工事ができないものかと思われる。

国道を歩いて約五分ほどでＪＲ宇久井駅前を通過した。駅より二〇〇メートルあまり行った所に踏切がある。この踏切を渡って山越えの道となるのであるが、すでに時刻は十三時三十分。私と上野さんはそこからすぐそばの浜辺に出て昼食とした。海水に濡れた岩にはびっしりとアオサが付着していた。くすんだ赤色や白色をした紐《ひも》が絡まっているようなものがあちこちで見うけられた。「寒天の材料のテングサです」と上野さんはおっしゃる。上野さんは、自分の住んでいる所は半農半漁であり、ご自身も漁に出ることもあるそうで、伝馬船《てんません》も漕ぐことができると手まねをされ、食糧難の時代がきても何とかなるとおっしゃった。現在は都市集中の時代であろうが、そのうちまたこのような自然のある田舎が見直されることだろう。私の古道歩きもそのようなところに目的があるのかもしれない。

私が、前回の歩行の際、食堂やお店がなくて昼食に困ったことを話すと、上野さんは笑っておられたが、私にとっては新鮮な驚きでもあった。自販機やコンビニに頼りがちないま、とにかくこの時代は便利すぎるといえるだろう。私も自戒せねばと思うのである。目の前の熊野灘は相変わらず青く輝いていた。

十三時四十九分、昼食を終えて出発した。まずは先ほどの踏切を渡り、出見世《でみせ》集落のなかを北西方向に山に入っていく。山裾に至り、道は民家の方へ右に曲がっているが、左に細い道をとる。そのまま山裾に沿って行く。結果的にはそのままためらうことなく山裾の道を行き、谷をつめて行けばよかったのであるが、つい道端にピンクのテープが木に巻きつけてひらひらとあり、また湿地に下りる道もあったので二人ともそちらに行ってしまった。湿地を横切ってもテープを発見することができたので、そのままテープに従って行くことにした。上野さんはしきりに首をひねっておられたが、私はたぶんこれで間違いないだろうと思っていた。しかし、それが過ちであったことがやがて判明した。それというのも、ついにテープが途切れてしまったのである。最終のテープの周りを何度も調べてみたが、どうも先に行けそうもなかった。先端が赤い黒い杭をテープのある地点で見かけていたので、これはどうやら測量のものらしいことがわかってきた。二人とも「まぎらわしいな！」と言いながら、またもとの方へ戻るしかなかった。

で、先ほどの山裾の道を再び行くことにした。道は谷奥まで続いており、上野さんは一度通られたことがあって、間違いなくこの道だと思い出されたようだ。ただし、小屋跡と思われる所を過ぎると道は不明瞭になった。かまわず上っていくと、今度は木の幹に巻いた赤いテープが出てきた。これはピンクのと違ってしっかり巻きつけてあった。上野さんは先を歩かれ「テープがここにもあるぞ」と声を張り上げながら上っていかれた。私もその声のする方に上っていった。出見世集落より山に入って迷いながら約四〇分あまりの大奮闘の結果、やっと山の尾根に出ることができた。戦国時代、この付近には堀内氏の居城である「殿和田森城《とわだのもり》」があったらしく、したがってここを「殿和田の森峠」と蟻さん流に呼ぶことにする。

そこからは下り道がはっきりとあった。植林された山となっていて道はわかりやすく、二人は時間の遅れを取りもどすように心なしか急いだ。お互い出た言葉が、「本日一の難所を越えたなあ」ということであった。道はやがてJRトンネル近くまで下りてきた。私は線路も見えたので、写真を撮ろうかと上着のポケットに手を入れた。ない。カメラがない。しまった。出見世からの山越えの、あの悪戦苦闘の際に落としてしまったのだ。ごそごそと這い回るときもあったので、そのときにでも落としたのかもしれない。カメラもむろん惜しいには違いないが、何しろ撮影したフィルムが入っている。せっかくの古道歩きが台無しになってしまう。うーん、これは困った。しかし、探しに戻るしかない。私は、私の荷物とともに、ここで上野さんに待っていてもらうことを提案したが、上野さんは「とにかく、もう一度行こう」とおっしゃってくださり、二人はまた、あの道なき道を戻ることにした。注意深く下りていったが見つか

トンネルの上部が殿和田の森

らなかった。上野さんは「もし、今日見つからなかったら、そのうちにまたここに来て見つけよう」などと一生懸命探してくださった。

ただ、そのときの私は不思議に落ち着いていた。なぜか見つかるような気がしていた。場所もたぶんそこではないかと見当をつけていたので、上野さんに「おそらく、あそこですわ、ぼくがこけた所ですわ。あのときに落としたと思います」と言いつつ、下りていった。

そして、たしかにその私のこけた所にカメラは転がっていたのである。とくに傷みはしていなかった。私はあのとき、木の根につまずいて大きくドスンとこけたのであった。古道歩きで最初にして最大のドスンであった。そこは、地面がやわらかかったのでケガなどなにもなかった。私は大きく「ありました!」と叫んだ。「そうかーよかった」と返事があり、上野さんも、カメラが見つかってとても喜んでくださった。私は近づいてこられる上野さんに言った。「熊野権現のおかげですわ」と。

さて、ここからどうするかであるが、時間的なこともあり、国道に戻ったほうが早くあのトンネル出口に着けるのではないかということになり、すぐ国道に引き返して、王子川(祓川《はらい》とも)河口付近を目指した。一〇分で佐野川に架かる松籟《しょうらい》橋のたもとに到着した。この橋の上手には旧道の橋も架かっている(今は車の通行は禁止)。さらに向こうには紀勢本線の鉄橋も見える。郷愁を感じさせる風景であった**【第十二景】**。が、あまり感傷にも浸っておれなかった。

「殿和田の森峠」からトンネル出口への道をたしかめたかったので、そのまま川の右岸を行った。すぐに紀勢本線の線路脇に出る。カメラがないと気づいて引き返した地点はほんの少し先である。私はカメラを落としたことにもうちょっと早く気づいておれば、時間のロスは少なかったのにと思った。すでに時刻は十五時二十二分であった。

さっきの旧道の橋を渡り、再び国道を急ぎ足で行く。橋から約一〇〇メートルの所に「佐野王子跡」**【第三十九**

三輪崎からの高野坂入口付近の石畳

番】があった。道脇に石垣を積んで台地状となった所に「王子跡」と刻した自然石の碑が建てられている。そのそばには久しぶりに見る青い案内板があった。この地は「佐野の松原」として知られた景勝地であり、熊野灘が広がっていたのであるが、現在では浜はあるものの松原はほとんど残っていない。

この「王子跡」の石碑に向かって左には「神武天皇聖蹟狭野顕彰碑」が、右には「尼将軍宝篋印《ほうきょう》塔」が並んでいる。神武碑は『日本書紀』の「遂《つひ（い）》に狭野を越えて熊野の神邑《みわのむら》に到り……」とあるのによっており（神邑とは現三輪崎のこと）、「尼将軍」とは二度熊野詣でをした北条政子のことである。彼女の鎌倉からの旅は五十二歳と六十二歳のときという。

「佐野王子跡」からは国道をひたすら進んだ。一・五キロほど行くと国道は左にカーブする。すぐに道路を渡り、そのまま道なりに「宝蔵寺」付近を目指す。十五時五十八分、お寺に隣接している「延命地蔵」を確認した。国道よりここまでの道については、『調査報告書東』では想定したルートを書いているので、地元の人に訊きながら「延命地蔵」に達するのがよいだろう。この地蔵尊からさらに東に進み、浜辺の道（県道二三三号線）に出る。浜に沿って行くと、道が二手に分かれる所に「新道道標」**【第四十番】**が建てられている。円柱形の石碑で「左新街道」の字も見える（ここはJR三輪崎駅北東約二〇〇メートル）。この道標の所で道を右に入る。すぐに「地蔵堂」を左手に見ながら行くと紀勢本線の線路が出てくる。その線路を渡ると、渡りきった所が高野坂《こうやざか》（こやのざか）への三輪崎からの入口となる。

線路を渡り終えて下ると、入口を示す大きな案内板が立っている。塩屋川に架かっている石橋を行くが、いかにも古道らしい雰囲気が漂う感じがしており、すぐに石畳の道となる。約一〇分で「金光稲荷神社」**【第四十一番】**

前を通過する。道はほぼ平坦な感じとなり、「孫八地蔵」を左に見て進む。このあたりから下りとなり、石段なども現れてくる。下っているときに「おおっ！」と叫びたくなるような光景に出くわした。海と、延々と続く砂浜であった。一幅の絵のような景色とはこのようなものをいうのであろう。湾曲した王子ヶ浜が水平線のかなたまで続いている。大辺路を歩き始めて、最大にしてかつ美しい砂浜である。このような絶好の眺望所に「六字名号碑」二基**【第四十二番】**が建てられている。休憩するにも最高の場所であるが、このときの私たちには時間的余裕などなく、坂をどんどん下っていった。

十六時三十九分、線路そばに出た。ここで「高野坂」と別れて舗装道を上っていく。広角《ひろつの》の集落に入り、左手に木に囲まれた「広角一里塚跡」**【第四十三番】**を確認した。そのまま道を北西に進み、次は「南谷《みなみだに》墓地」**【第四十四番】**を目指した。左下の国道までもうわずかという所で石材店横を右に細い道に入る。墓石も見えており、ここが「南谷墓地」の南端にあたる。上野さんは、この墓地は長くて広いと先を行きながらおっしゃったが、なるほど五〇〇メートルはゆうに超えそうである。新宮の町やビル群も見下ろせる所に墓地は位置し、そんな墓地のなかの古道を行くのは不思議な気持ちになる。上野さんはしきりと、大逆事件に関係した医師大石誠之助の墓を探しておられたが、あまり時間もなくてわからなかった（作家の中上健次もここに眠っている）。

十七時三分、国道四二号線に合流した。「熊野速玉大社」まであと約二キロあまり。私たちは急ぎに急いだ。新宮駅発の「オーシャンアロー34号」は十八時四分。上野さんは紀伊天満駅まで戻られるが、十七時五十三分発の紀伊勝浦行き普通がある（次の列車は一時間ほど後になる）。残された時間はあとわずかだ。とにかく国道をまっすぐにどんどん行く。「熊野速玉大社」**【第四十八番】**まで行けば、ＪＲ新宮駅まではバスかタクシーで何とかなるだろう。すでに十七時をすぎ、お疲れの上野さんにはほんとうに申し訳なかった。私とすれば、「私の大辺路歩き」の終着点の一つとして「速玉大社」を位置づけており、どうしても本日中に「速玉大社」には着いておきたかったので、むりやり歩いていただいているようなものであった（この国道より東の方に歩けば新宮駅には、列車の発車時刻までは十分着けるのである）。「速玉大社」まで到達すれば一区切りがついて、次の目標として「雲取越え」に移ることができる。そんな思いもあってただひたすら国道の歩道を歩いた。

「速玉大社」着は十七時三十六分であった。もうあたりは薄暗くなっている。お参りの人影もなかった。私は本殿において、お参りできたことを感謝するとともに、今後の古道歩きの無事をお祈りした。本来ていねいにお参りすべきであるが、何しろ時間が時間。そそくさとお参りをすませ、これまた「御祈祷神符」を大慌てでいただいて、また国道へと急いだ。社務所の人によると新宮駅まで徒歩で一五分とのことだった。駅の方向に向かうが、信号の待ち時間がなく渡れるのもラッキーと思えるぐらいに二人とも必死であった。最後の最後に汗をかくとは、いつものことであるなあとつくづく自省せざるをえなかった。ほんとうに毎度のことである。

この新宮市内には「王子社」として、「浜王子（現浜王子神社）」があり、それにゴトビキ岩が御神体の「神倉《かみくら》神社」**【第四十七番】**も山手にあり、この二社はぜひともお参りせねばならないだろう。また「徐福《じょふく》の墓」も訪れてみたいと思う。が、これらを巡るのは雲取越えを終えてからにしよう。今回は何はともあれ新宮に着いたことに満足したいと思う。

ＪＲ新宮駅には十七時四十九分に着いた。普通列車に乗られる上野さんとはここでお別れである。私はここで次の特急に乗ればそれでよいのだが、上野さんには紀伊天満駅から運転が待っている。本日のお礼を厚く述べるゆとりもないままに、上野さんは急いで改札口を入っていかれた。

私は、切符を買って、続いて弁当を買いに売店に行った。「くじら弁当」というのが残っていた（久しぶりの鯨肉を列車内で味わった）。ちょうど売店に「那智黒」があったのでそれも一袋買った。先日、仕事に疲れていたときに同僚の一人が「那智黒」を一つくれて、あめ玉などあまりしゃぶらない私であるが、そのときは「那智黒」もけっこういけるやないかと思い直したこともあり、今度はそのお返しということで買うことにしたのである。「那智黒」は大阪でも売っているが、「私の那智黒」は正真正銘、新宮まで歩いて得たものであるので格別の味がすることであろう。同僚には仰々しく、あめ玉一個を進呈したいと思う。
発車待ちの列車に乗り込み、早速弁当を食べる。まもなく定刻に発車したが、外はもう真っ暗である。紀伊勝浦を過ぎた頃、上野さんのお宅に電話を入れた。奥様が電話口に出られたので、上野さんにお世話になったお礼を述べ、今頃勝浦を出発されているとお知らせしておいた。上野さんどうぞ気をつけてお帰りください。

コースタイム

駿田峠入口（40分）天満天神社（20分）浜ノ宮（40分）大狗子峠（30分）小狗子峠（30分）ＪＲ宇久井駅（20分）佐野王子跡（40分）高野坂〔三輪崎からの〕入口（30分）高野坂〔王子ヶ浜への〕出口（20分）南谷墓地（40分）熊野速玉大社（15分）ＪＲ新宮駅

[付録] 別ルート解説 〈高野坂〔王子ヶ浜からの〕入口〜王子ヶ浜〜浜王子神社〜阿須賀神社〜熊野速玉大社〉

二〇〇二年四月二十一日（日）早朝、本宮に車で入り、赤木・大日越えを終えて、新宮に向かったことは第十一章の通りである。その後、この別ルートを歩いたのでここで紹介しておこう。
まず、「熊野速玉大社」に着いたのが十四時三十分。タクシーを呼んでいる間に参拝をすませる。十四時四十分にタクシーに乗り、高野坂の王子ヶ浜からの入口を目指す。新宮市内の国道四二号線が渋滞していて時間をくってしまい、二〇数分も要した。

ＪＲ紀勢本線のガードをくぐると王子ヶ浜

「高野坂道標」より階段を上がって紀勢本線の線路沿いに進むと高野坂の古道に至るが、階段を上がらずに、浜に出るため逆川に架かる線路のガードをくぐる。出た所が王子ヶ浜の南端だ。私は前回には広角の一里塚から国道を歩くコースをとったが、これは近世に利用されたもので、今回の王子ヶ浜から「浜王子神社」を経て「速玉大社」への道は古代・中世の道である。たしかにこうして浜に降り立ってみると、浜を行くのは道を整備する必要もなくて自然で素朴な感じをうけるので、浜伝いの道が古いというのは実感できる。

しかし、今日の王子ヶ浜は風が強くて寒い**【第十三景】**。打ち寄せる波も高く、これからますます荒れそうな気配だ。目指す「浜王子神社」方面では波しぶきのせいなのか白く霧がかかったようになっている。天気のよい日であれば浜で遊ぶ人の姿を多く見うけることであろうが、誰もいない冬の海を連想させる今日の浜の風景だ。空もどんよりと曇り、灰色で全体が寂しい浜の画のなかにただ一つ明るい色調のものがあり、それが海の碧色であって救われた気分になる。

概して浜の道というのは足に踏ん張りがきかず歩きづらいものだが、小石混じりで表面が堅くなっている王子ヶ浜はまだ歩きやすかった。風がきついのでうつ向いて歩いていると、いくつも足跡があった。高野坂から浜を歩く古道歩きの人のものと思えた。何人かのグループで、午前中に三輪崎から高野坂を経て新宮に向かった人たちがいたように勝手に想像してみた。釈迢空《しゃくちょうくう》の歌「葛の花踏みしだかれて、色あたらし。この山道を行きし人あり」は山道であるが、「この浜道を行きし人あり」である。

こうして杖（赤木越えで拾った竹の棒）をつきながら風に向かって歩いていると何やら修行僧になったような気がする。左手堤防の向こう側を二輌編成の普通列車が新宮方面に通過していった。

列車はこの王子ヶ浜と並行に走っているが、浜の途中で左に大きくカーブする所がある。そのあたりから堤防の向こう側には、海沿いに長く延びている「大浜レクリエーションの森」が始まる。長さ約一キロにわたる国有林で、いわゆる松林である。この「大浜の森」の前にある堤防の最初の切れ目で堤防の内側に入る。これで王子ヶ浜とはお別れである。「大浜の森」から海と反対側に森に沿って県道二三一号線が走っているので、「大浜海岸」バス停を目指す。すると「大浜会館」の案内矢印板とともに、電柱には「浜王子跡」の看板がかけられている。海とは反対側に道を入る。すぐに「浜王子神社」**【第四十五番】**の鳥居や杜が見えてくる。鳥居横のナギ（梛）の木の緑も色が深い（ナギの木は新宮市の木となっている）。民家のそばであり、境内も広くなく全体にこじんまりとした神社であるが、石の鳥居や石灯篭、そして巨木はその古さを漂わせている。

さあ、ここから「阿須賀《あすか》神社」に向かう。市田川には第一・第二王子橋が架かっているので、どちらを渡ってからでもおよそ川沿いに行き、JR新宮駅の方向に行けばよい。途中にあるいかにも中国風の「徐福《じょふく》公園」に立ち寄るのも可能だ。公園内には徐福の墓もある。秦の時代の人徐福は、始皇帝の命令により不老不死の薬を求めて日本を訪れたというが、この地で没したと伝えられている。

この「徐福公園」から北へ数分行った所に「阿須賀神社」**【第四十六番】**がある。徐福漂着の伝説のある蓬莱《ほうらい》山（四〇メートル）という小山の南麓に建っている。もと「速玉大社」の摂社で、熊野三所権現を祀っている。

「阿須賀神社」から「速玉大社」へは「丹鶴《たんかく》城跡」を右に見て西に進めばよい。途中「西村記念館」に立ち寄るのもよい。西村伊作は、歌人与謝野鉄幹・晶子らとともに文化学院創立者として知られている。記念館はスイス風の洋館で、西村自身の設計によるという。

「熊野速玉大社」には十七時十分前に着いた（速玉大社横には「佐藤春夫記念館」もある）。「高野坂」からは、今回の王子ヶ浜経由コースのほうが自然・文化ともに多様で、こちらのコースを勧めたいと思う。

徐福公園

さあ、帰り道だ。来た道と同じ道を車でたどり、国道三一一号線に入って田辺を目指す。幸いに、車に乗ってから雨が降り出してきた。私は慎重にハンドルを握って大阪を目指していた。

コースタイム
高野坂王子ヶ浜入口（50分）浜王子神社（30分）徐福公園（5分）阿須賀神社（20分）熊野速玉大社

[補] 王子ヶ浜のカメについて

南紀熊野21協議会情報紙の『わくわくnankiくまの』（二〇〇二年夏号）より抜粋

「ウミガメの来る海は、私たちのふるさと」と話すのは、新宮市の王子ヶ浜で、ウミガメの保護活動を30年近く続けている速水政夫さん（76）＝同市王子＝。地元で〝カメおじさん〟と親しまれる、「新宮市海ガメを保護する会」の会長だ。紀伊半島には、全国有数の産卵地である南部町を筆頭に、串本町、白浜町、那智勝浦町、新宮市など、アカウミガメの上陸する浜が数多くある。しかし、上陸数、産卵数が減少し続けていることから、各地で懸命な保護活動が行われている。

熊野川の河口、熊野灘に面して広がる王子ヶ浜は3㎞ほどの砂と小石の浜だ。そのほとんどが吉野熊野国立公園に指定され、新宮市の勇壮な火祭り「お灯まつり」の日には、神倉山に登る前、氏子たちが潮垢離（しおごり）をする美しい浜でもある。

この浜に、毎年アカウミガメが産卵にやってくる。産まれた卵は速水さんらの保護する会で育てられ、孵化した稚ガメたちは、夏の終わりの「稚ガメの放流会」で、地元の子供たちの手で海に返されている。

文学に見える南紀・熊野路⑨（那智～三輪崎）

田山花袋『熊野紀行』

霧間に隠見出没する杳渺《ようびょう》たる滝の姿を顧望しつつ、われの那智山を下りしは、最早午后一時少し過ぎたる程の事なりき。市野々村に至れる頃、雲霧また盛に蒸上して、四面の山忽地《たちまち》にしてその蔽《おお》う所となりて見えず。われは大雨《たいう》の近づきたるを知りて、疾駆快走暫《しばら》くも脚を止《とど》めんともせざりき。されどいかでか雨脚の早き追躡《ついじょう》を免るる事を得ん。いまだ浜の宮に至らざるに、大雨沛然《はいぜん》として我を襲えり。

普陀洛寺を過ぎて海辺に出れば、潮風更に雨脚を吹きて、一枝の蝙蝠傘《こうもりがさ》は殆《ほとんど》将《まさに》吹飛されんとす。われは轆轤《ろくろ》を押えて纔《わず》かにそれを凌ぎつつ、怒涛の烈しく岸頭の岩石に咽《むせ》べる間を、いと覚束《おぼつか》なくたどり行けり。あわれこの朝三輪崎の旅亭を出でて、かの道者と共に此処を過ぎし時は、風低く波平らかにして、彼方に突出したる勝浦の岬に、ふわふわと雲の棚引《たなびき》わたるさまなど、いと面白しと思いしものを。二つ三つ暁風に孕《はら》みて沖に出でて行く白帆の影を、画も及ばずなどと語り合いしものを。

大串《ぐし》小串の峻坂に懸れる頃、雨いよいよ烈しく、風益々あれて、衣袂《いべい》は愚か頭の上より足の爪先まで、一点として濡れ透らざる所なし。途中にて購《もと》めたる桐油《とうゆ》は風に吹かるる毎に幌の如く高く颺《あが》りて更に、何の効をも為さず。小さき蝙蝠傘は雨盛に洩りて古屋の檐頭《えんとう》に立ちたるに異ならず。

◆**田山花袋《たやまかたい》**（一八七一～一九三〇）

群馬県の生まれ。近代自然主義文学を代表する作家。『蒲団』『生』『妻』『田舎教師』など。

文学に見える南紀・熊野路⑩（宇久井～三輪崎）

犬養孝『浦の浜木綿』

那智を出た汽車が宇久井の突角を廻ると、佐野の湾入《わんにゅう》は一眸の下に開け、その北東の突角部に三輪崎の町があり、更にその東方に鈴島・孔島の小島が浮かぶ。前々年冬「神《みわ》之崎《のさき》」「狭野乃渡《さののわたり》」のことを調べにいった時は、突角から島を眺めるのみで終った。今回は小船をやとって島にわたる。三輪崎の港と対岸鈴島の磯との間は二百米足らずの渡しである。鈴島は若干の松などを配した岩嶼《しま》にすぎなく、浜木綿は一本も見られなかった。鈴島と孔島の間は防波堤につながれていて、烈日の下、真昼の透きとおる海中には所々海女の姿も散見していた。堤防伝いに孔島にむかう私の双眸の中には、既にこんもりとした小杜を中心に、島をとりまく浜木綿の白花の乱れが転々と映っていた。（略）この湿しい緑葉の中からかくも清楚可憐な花が咲くかと思われ、やさしい気品の中にもどこか艶麗さをさえ示していて、それが群落のそこにもここにも見られ、小島全体が芳香にみちみちた感であった。

近頃すこし減少したといわれるが、それでも島のぐるりにまさに密生していて、磯に向ってさし出た濃い緑葉の先端には、黒潮の影さえ映るかに思われた。

◆**犬養 孝**《いぬかいたかし》（一九〇八〜一九九八）

東京都の生まれ。文学博士。大阪大学名誉教授。日本全国の万葉故地を生涯通して歩き、万葉風土学を提唱。著書に『万葉の風景』『万葉の旅』など。

文学に見える南紀・熊野路⑪

（新宮）

戸川秋骨『新宮に客となって』（昭和六年頃）

私共は先ず旧城趾（丹鶴城趾—筆者注）にのぼった。城は町の東端ともいうべき小高い岡の上にあり、北即ち背後に熊野川をひかえ、西と南とに新宮の町を俯瞰し、東の方は即ち遙かに海に向っている。今は建物は全く取り払われ、僅かに石垣の崩れたのを残して居るのみであるが、それが如何にも廃墟の感を深くする。石はこけ蒸し、草は思うままに茂っている。その周囲の樹間から熊野川を見下し、また遠く海を眺め、あるいは西南の山々を仰ぎ見た、その風景は、決して雄大とか崇高とかいうのではないが、私の知っている限り、ほんとうにこんな処に住んで居たらと、しみじみなつかしい感を催させる処である。（略）私はこんな好い景色の地に、そんな可愛らしい想出をもって居る人をうらやましく思った。そういえば佐藤春夫君なども、恐らくその少年時代をここで過ごしたであろう。風景はもち論、ここにある樹は、恐らく一本一本少年春夫君の心に感銘を与えたものではないかと考えられた。

新宮をかたるならば、是非熊野川にいい及ばなくてはならない。熊野川は清流をたたえて、新宮とその町つづきの熊野地のところで、静かに海に入るのであるが、普通に平地を流れて海に注ぐ河とは少し趣を異にして居る。科学の知識のない私には解らないが、中流から突然に海に入るとでもいうのであろうか、水は豊かにあって、上流からのいかだを数多《あまた》浮べて居るが、しかも何となく渓流の趣がある。下流の船の去来の忙しい河か、さなくば鉄橋を以て渡る富士川とか大井川のみを知って居る私には、此が頗《すこぶ》る興味深く思われた。泳ぐ人、釣りする人、渡し船の往来、プロペラ船の出入は、かなり忙しく見えるが、その内に自から塵芥を入れない清い趣がある。

◆戸川秋骨《とがわしゅうこつ》（一八七〇～一九三九）

熊本県の生まれ。慶應義塾大学の英文学の教授。その頃、佐藤春夫が大学生として通学していた。北村透谷《きたむらとうこく》・島崎藤村らと、明治二十六年に創刊した『文学界』の中心的同人。

文学に見える南紀・熊野路⑫　（新宮）

佐藤春夫『わんぱく時代』

中学校は町の西南隅、千穂ヶ峰の南のはじ、神ノ倉のゴトビキ岩が落ちかかるような岩山の崖下にあった。

この神ノ倉というのは町の名所の一つで、神武天皇の東征軍がこの地に上陸した時、これを直ちに迎えて援兵を出した土着の豪族を祭ると伝えられる神社が、ゴトビキ岩をご神体として祭られ、毎年二月五日（であったか）石だたみのけわしい急坂を白しょうぞくでたいまつをかざして駆け下りる勇壮に古風な火祭りの行事がある。

神ノ倉は丹鶴城とは全く反対の方角にあって、町の両はじに当る場所である。だから僕の家から中学校へも町内としては遠いところである。しかし、僕は町の目ぬきの町々を駆け抜けて自転車で中学校の広い運動場まで遠征することも時々はあった。

しかし中学校の運動場はただ広いだけで、草は生い茂るがままに石ころも多くて、高等小学校のものより荒れていた。

そのはずで、はじめ田辺の県立中学校の分校として出発したこの中学校は、やっと独立した校舎もできたばかりで、運動場まではまだ手がまわらなかったのである。

田辺は同じく紀州徳川氏の付家老安藤氏の城下で旧藩時代、新宮と対立した土地であり、今日でこそ近くの温泉などで大いに発展しているが、明治の中ごろは新宮よりも小さな町であった。当然、新宮の町民はわが町の中学校が田辺の分校というのに不平を抱いて、有志の猛運動の結果、独立した県立校が新設されたものであった。僕の入学したのは第四回、独立の二年目ぐらいかと思う。

待ちに待った中学校の入学試験日になった。高等小学校三年を好成績で修了した僕は、優秀とまではゆかないでも、まずは普通以上の成績で入学できる自信があった。

ところが張り切って出かけた入学試験日になってわかったところでは、町内と川向うの三重県の村々、また川奥や、南筋と呼ばれる勝浦港以南の海岸町村の子弟などの応募者はきっちりと募集人員五十名であったため、その年は学科試験はなくて体格検査のほかは口頭試問だけで全員が入学許可であった。

体格は無論申し分なしで、いよいよ口頭試問であった。父の職業、両親の名、年齢、兄弟、家族全員の説明などを語らせたあとで、

「将来の志望は？」

「文学者」

僕はためらわずにはっきりと答えはしたが、もちろん文学とはどんなものか、文学者とは何かなどははっきりした観念があろうはずもない。しかし商人になって金もうけようとも思わなかったし、また戦争ごっこは面白かったが本当に命がけの戦争をする軍人になろうなどとも思わなかったので、ただ漠然とおぼえている文学者という言葉を、何者かが僕に口走らせたのであった。

◆**佐藤春夫**（前出）

九 「胴切坂」を慎重かつ慎重に下った私

那智《なち》（駅）から小口《こぐち》へ 〔大雲取越え〕

—海岸より山に分けいる道—

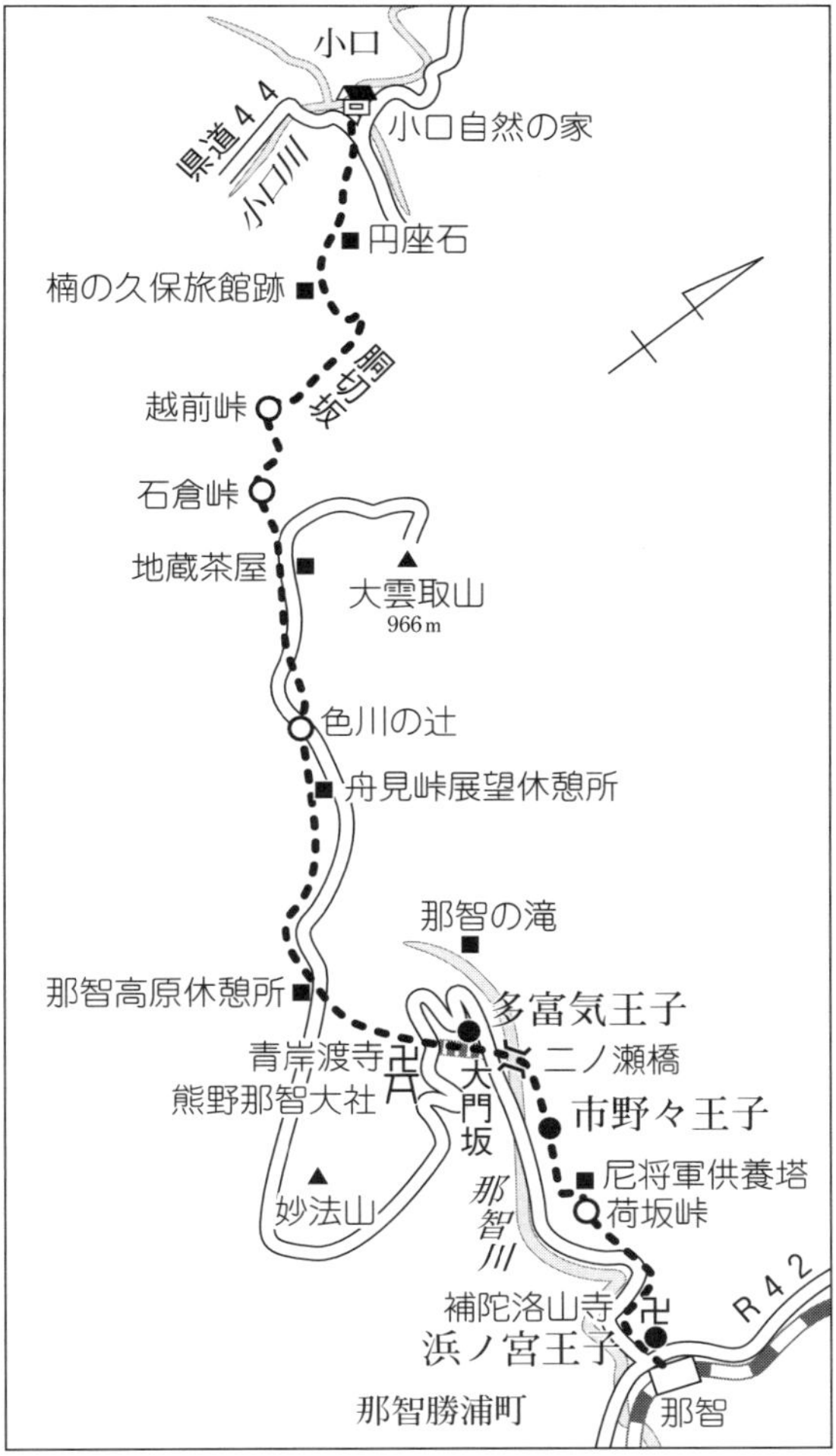

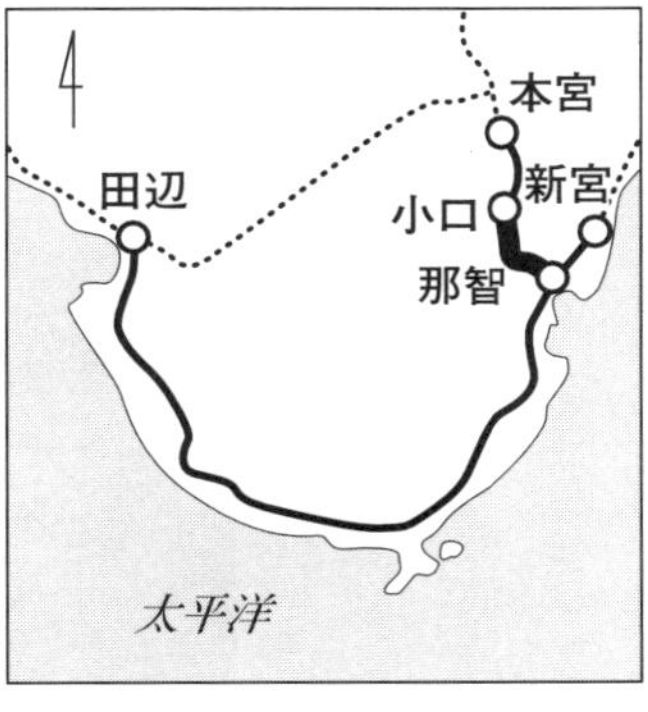

【歩いた日】
二〇〇二年三月十六日（土） 曇り

現在、ＪＲ紀伊勝浦駅の3番線ホームにいる。本日の空は曇っている。右手前方には昨夜泊まった勝浦シティープラザホテルがある。私は前夜新宮行きの最終の「スーパーくろしお31号」に乗り、深夜おそくホテルに投宿したのであった。本日は大雲取越えを計画しているので、朝はなるべく早く出発する必要があったからだ。

やがて七時四十一分発新宮行き普通列車が入ってきた。列車内は高校生たちで混雑していた。五分で那智駅に到着。降りた乗客は私一人であった。客待ちのタクシーが一台いた。この駅は「熊野那智大社」からは最も近い駅であるが、特急の停車駅ではない。早朝ということもあって寂しい感じがするが、この那智駅の真横には特産物販売所や「丹敷《にしき》の湯」と名付けられた温泉がある（午前十時から入浴可とのこと）。夏は浜辺が駅のすぐそばであり、海水浴客でにぎわうことだろう。

国道四二号線を横切って「浜の宮」に詣でる。海岸に近いので、本日は標高○メートル地点からの出発といっていいだろう。「熊野那智大社」で標高約三○○メートル、舟見《ふなみ》峠から越前峠にかけては標高約八○○メートルを行く道となる。熊野古道のなかで最も険阻といわれている大雲取越えの道だ（雲取という名は流れる雲に手が届くということから付けられたようだ）。私は本日の旅の安全を祈願した。続いて「補陀洛山寺」にお参りし、お寺の裏道を行く。案内の標識に従って行くと、渡海上人の供養塔があり、そこから少し上段に「平維盛」の供養塔がひときわ高く建てられていた。横は、維盛の妻である時子のそれである。民家近くとはいえ、静かだ。鳥たちの朝のおしゃべりが聞こえてくる。私はお参りをすませるとすぐにそこを辞した。

那智川左岸の県道四三号線を行く。川の水はきれいで吹く風もさわやかだ。そのうえ、歩道も設けてあって気持ちよく歩くことができる。行く手の山腹には桜のうすいピンク色も眺められる。堤にはモクレンの白も今が盛りだ。

「杉の木」バス停を過ぎると、道は大きく左にカーブする。やがて「牧野々」バス停の手前の道を右に入る。道端には「熊野古道　曼荼羅《まんだら》のみち」と刻された人の背丈もあるほどの石碑が建てられている。そこから一○○メートルほど行ってすぐに左折し、長谷川に架かる赤い色で塗られた小さな橋を渡る。青地に黄色の矢印のある案内標識が出てきて、上流に歩く。ゴロゴロと大きな石が川底全面に転がっている。畑のあぜにはレンゲ草も見え、さす

早朝のＪＲ紀伊勝浦駅

が南紀の春は早い。

　八時三十分、川を離れて山道に入った。足元にはスミレが可憐に咲いている。細くて湿った雰囲気の道を行く。二〇分ほどだらだらの上り坂を進んで行くと、荷坂峠に着く。目の前に白いものが現れた。ヒガンザクラが満開の美しさを誇っている。地面まで一メートルくらいに枝を這わすように垂らしている。西行法師なら歌心を刺激されそうな気品のある桜だ。石垣が積まれて高くなった所に「尼将軍供養塔」がある。鎌倉時代の建保六年（一二一八）の建立と案内板にある。

　供養塔からは下り坂となり、左に新しく造成された霊園を見ながら舗装道を下っていく。県道に出ずに市野々の集落のなかのゆるやかな上りの道を進む。九時十分に道の右手にある「市野々《いちのの》王子神社」に着いた。鳥居から社殿まで手入れがよく行き届いており、清楚で感じのいい神社であった。私はお参りをすませると、次の王子の「多富気《たふけ》王子」を目指した。

　京都からの三山巡りは、中辺路を経て本宮に至り、続いて舟下りで新宮に行き、新宮からは浜の宮に詣で、雲取越えで再び本宮に戻っている。ということで、一般的にはこの「多富気王子」が最後の王子社となる。私にとってもほぼ最後の王子となる。ほぼといったのは、まだいくつか残されているからだ。「湯峰《ゆのみね》王子」や新宮の「浜王子」

桜の向こうに尼将軍供養塔

市野々王子神社

がそれである。「湯峰王子」は明日に時間的余裕があればお参りできるかもしれないが、「浜王子」は別の機会に「神倉《かみくら》神社」とともに巡ろうと思っている。

さて、「市野々王子神社」よりしばらく行くと、市野々小学校前を通過した。続いて樋口川に架かる樋口橋を渡り、約五分後に那智川の二ノ瀬橋を渡る。その昔巡礼の人々はここで水垢離をして「熊野那智大社」にお参りしたという。さらに数分後に県道を斜めに横切った。すぐに橋と鳥居が見えてきた。いよいよ「熊野那智大社」への参道が始まり大門坂となる（大門坂は鎌倉時代につくられたといわれているが、「日本の道百選」に入っている）。

鳥居の前には、「新宮藩関所跡」の立て札がある。さらに左手には「熊楠滞在の旅館跡」ともある。博物学者の南方熊楠翁が熊野で長期間粘菌研究に励んでいたというが、大坂屋というこの旅館に明治三十五年（一九〇二）十二月末から明治三十七年九月まで長逗留《ながとうりゅう》している。そしてここを引き上げるにあたり、雲取越えから中辺路の、近露《ちかつゆ》・栗栖川《くりすかわ》を経て田辺に帰着している。

鳥居への振り瀬橋を渡ると新しい現代風の大門坂茶屋が建てられている。無料休憩所であるが、ここには平安時代の貸衣装があり、記念撮影もできるようになっている。熊野や熊野古道の宣伝写真としてよく平安衣装の市女笠《いちめがさ》の女性が登場しているが、この大門坂で撮られたものが多いようだ。十月の第四日曜日には「あげいん熊野詣」として公募の参加者が時代衣装姿で大門坂を上ることになっていて、昨年で一六回を数えている。参加者の行列は二〇〇〇人にもなるそうだ。

振り瀬橋、大門坂茶屋も見える

私が「蟻さんの熊野紀行」を始めてからずっと携帯している『財団マップ』（世界リゾート博記念財団発行『熊野

多富気王子と大門坂

古道ガイドブック』のこと）も、その表紙は大門坂を上る女性二人の後ろ姿であり、うち一人は巫女《みこ》さんの姿である。やはりこの大門坂のありさまや雰囲気は古道を代表するものであろう。ＪＴＢキャンブックス『熊野古道を歩く』や山と渓谷社『熊野古道を歩く』の表紙写真もこの大門坂となっている。

今回初めて大門坂を歩いたわけだが、苔むした石畳やそれの両脇の立派な杉並木も歴史・時間を感じさせるにあまりあるものがある。おそらく訪れた人は悠久の時の流れに心うたれ、言葉を失うかもしれない。

これだけの古い道が現在も残されていることはたしかに素晴らしいことである。だが、しかし、私はこうも思うのである。どうもこの大門坂はあまりにも見事すぎるのではないか。「熊野那智大社」への参道としての霊域の道にしてはあまりにも石畳が整然としていて非の打ちどころがないようだ。この大門坂は、車で来た人でもたやすく歩ける道である。そうして歩いた人は言うだろう、「熊野古道は昔のままで、石畳が趣きがあってよかった！」と。

これは、僻目《ひがめ》のそしりをうけるかもしれないが、「熊野古道はこのようじゃないよ」と私はあえて言いたい。

ときにはその道筋が不明瞭になっていたり、ときには部分的に道路工事で消滅していたり、ときには田のあぜ道になっていたりしているのも、それなりによいのではないかと思う。石畳も壊れかかっていたり、またそれらしきものがかすかに残っていたりと、この姿のほうが、人が歩き続けてきたことで、かえって古さを感じることが強められるのではないだろうか。

自然に溶け込んでいる古道こそ、人とともに時代を歩んできた歴史を足の裏でじかに感じることができるのではないか。今でも見事に残されている大門坂は、時を感じさせる苔や巨杉はあるものの、私は人のにおいをあまり感じることができず、整えられているせいか人工性を強く感じてしまい、そのため「歴史」に深みがないように思われた。

大門坂に入って夫婦杉が並んでおり、そこからすぐの所に「多富気王子跡」があった。大きな自然石に「多富気王子社跡」と刻されている。ここが「熊野九十九王子」の最後の王子である。さらに坂を上っていく。先行者の影も見えず、後ろから来る人もいないようだ。十時四分、「那智の滝」が杉の木の間から見えた。滝と私の間に小山があって全貌を眺めることはできなかったが、白い紐のようなのが縦にあるという感じで、滝の迫力は感じられなかった。滝壺のそばにある「飛滝《ひろう》神社」へ行けば、きっと滝の力やエネルギーに圧倒されたかもしれないが、本日は「青岸渡寺《せいがんとじ》」から眺めることにしようと思う。

十時十二分に大門坂の出口に着いた。かつては仁王門があったという。そこから少し上ると、お土産の店が立ち並んでいる道に出た。朝十時というのにほんとうに大勢の観光客だ。リュックを背負い、足元は軽登山靴、それに竹の杖を持っている私は場違いな感がある（今回の杖は、尼将軍供養塔の手前で拾った竹である）。

表参道の石段を上る。四百段以上あるそうだが、お店も両側に続いている。私は「青岸渡寺」で滝でも眺めながら何か飲みたいなあと思っていたが、石段になってから自動販売機が見あたらない。どうもこれは上にもないかもしれないなと考えた。ちょうど水に冷やしておられるジュース類があったので、スポーツドリンクを買った。本日持参のお茶は、三五〇ミリリットルのペットボトル二本である。二本に分けているのは、一本なくなればすぐに補給できて、補給がしやすいからである。それに使うほうの一本はリュックからさっと取り出しやすい所にしまえるからだ。私はここではまだ持参のお茶は七〇〇ミリリットルのままで確保しておきたかったので、別に求めて飲むほうがよかったのだ（予想通り、上には売店すらなかったのでヨカッタヨカッタ）。

やがて石段は二方向に分かれる。「熊野那智大社」が左方向なのでまずはそちらに行く。石段を上り、最後の鳥居をくぐると右手に朱色の社殿がある。主神は熊野夫須美《ふすみ》大神で、熊野三社の社殿中、那智大社の構造は最も古式を保っているといわれている。なお、「青岸渡寺」もこの「熊野那智大社」も信長の焼き討ちに遭い、その後天正十八年（一五九〇）に豊臣秀吉によって再興されている。

私はまず、本日の旅の安全と家内安全を祈願し、ご神符の「烏牛《からすご》王《おう》」をいただいた。これでともかくも熊野三山は巡ったことになる。しかし、本日はそうも安心しておれない。ここからの山越えが何といっても難行苦行なのであるから。私は続いて宝物殿に立ち寄った。

入って正面には、熊野比丘尼が布教のため持ち歩いた「那智山熊野権現参詣宮曼陀羅《まんだら》（室町時代）」が展示されてある。この絵画は『日本の原郷　熊野』（梅原猛著、新潮社刊）の表紙にも採用されたり、またその本文中でも大き

熊野那智大社

西国三十三所第一番札所青岸渡寺

く写真が掲載されていたりしていたので知ってはいたが、本物を見るのは初めてであった。絵の下部の海と那智の滝とまん丸い日と月が印象的であった。海では補陀洛渡海の様子も描かれている。

私は、係りの方に何か熊野古道に関する本はないかと訊いてみたが、とくになかった。かわりに『熊野大社』(学生社)という本を見つけたが、本日は持ち歩くのも荷物になるので、後日書店に注文することにした。

「熊野那智大社」の横手を回って「青岸渡寺」にお参りした。お寺と神社が隣り合わせにある、まさに神仏習合の典型的な形態である。この「青岸渡寺」は観世音菩薩の霊場を巡る「西国三十三所」の第一番札所として世に知られているお寺である。熊野三山のなかで、ここ那智山が最も人々のお参りが多いが、これは自然風景としての滝見物はむろんいうまでもなく、西国三十三所巡りということも大きく影響しているだろう。

私の熊野古道歩きも「王子」という目標があって、ここまで来ることができたと思われるが、西国巡りの場合も、一番から三十三番までの札所があるからこその人気とも思える。やはり人間、つらつら思うに、目標というものは大事なものである(雲取越えの道は、西国三十三所の巡礼道とも重なっている)。

私は本堂脇の県天然記念物の「タブノキ(イヌグス)」のそばで、滝を見ながら先ほど買ってきたドリンクを飲んだ。滝を背景に写真撮影している人たちが大勢いた。そんな時であった。山伏《やまぶし》姿の人といっしょに撮影している人がいた。その様子を見て、いっしょに撮ってくださいとさらに頼んでいる人もいた。〝山伏さん〟の意外な人気に驚いた。ここでは修行の人がスターとなっていた。

さて、私は十時五十分に「青岸渡寺本堂」裏手から山道に入った。これより熊野古道である。二五分ほどで「那智高原公園」のはずれに出た。春夏ともなれば、おそらく家族連れでにぎわい、子どもたちの歓声も山に響くであろうが、早春の今はひっそりと静まりかえっていた。公園の中を標識に従って進む。トイレもある休憩所に着いた。そばには「大雲取山林道記念碑」と[注]「狩場《かりば》刑部《ぎょうぶ》左衛門《ざえもん》碑」が並んで建てられており、この二つの石碑の右側は林道が「地蔵茶屋」まで延びている。そして左側が熊野古道となっており、大戸平古道入口と立て札がある。このあたり標高は約五六〇メートルである。

十一時三十三分に休憩所を出発した。石畳が続く尾根道を行く。右下には林道のガードレールがよく見える。「地蔵茶屋」までは林道とともには交差しながら行くことになるので、あまり危険はなく安心といえば安心な道である。二五分ほどで古道と林道がぴたりと寄り添うようになる箇所があって、そこを少し過ぎると「登立《のぼりたて》茶屋跡」に着いた。平成十一年三月那智勝浦町教育委員会設置の案内板には次のように書いてあった。「…この茶屋のことを、地元色川地区の人々は昔から『馬つなぎ』と呼んでいました。茶屋は田辺からの日用雑貨、勝浦からの海産物を商う商店でもあったのです。今の国道四二号線が整備されるまで、この道は大阪、和歌山方面への唯一の幹線道路として広く人々に利用されていました。」

舟見峠展望台より海を望む。遠くの山は妙法山

「登立茶屋跡」から約四〇分ほど歩くと「舟見茶屋跡」に着いた。ここには舟見峠展望所が設置されてある。どっこいしょと木製の長イスに腰かける。すでに、十三時前ということもあって、ここで昼食とする。いつものようにおにぎり三つとアンパンだ。昼食をとっているときに、十人くらいの一行が那智の方へと歩いて行くのが見えた。展望所にいる私には気づかなかったようだが、結局、古道歩きの人との出会いは、本日最初で最後であった。

この展望台からは那智湾までがよく見渡せる。妙法山もはっきりとその山容を見せている。今私は南面して景色を楽しんでいるが、一年前までは木々が眺望を遮っていたようだ。立て札に「森林を所有されている松本林業株式会社のご協力により、いにしえの眺望を再現することができました。平成13年和歌山県」とある。休憩には絶好の場所である。が、その昔、茶屋が営まれていた頃には茶屋は眺めのよい所にあったはずなので、まさに再現という言葉がぴったりのように思われる。潮見峠という名称ではなく、「舟見」となっているのも、実際に舟まで見渡せたのであろう。

はるかかなたの海をぼんやりと見ているうちに、思い出したことがある。ここから富士山も望めるのではないかということだ。地元の写真家の楠本弘児さん（新宮市）が一九九七年一月四日午前六時五十分ごろに、妙法山の山頂直下から富士山の撮影に成功したのが話題になった。その距離三二二・六キロで、証拠写真のあるものとしては世界最遠望の山の記録だそうだ。冷え込んだ冬の朝、熊野古道を行く旅人や巡礼者でこのすばらしい体験をした人たちはあるかもしれない。私もできるなら海上はるか富士山を望みたいとは思うが、時間と根気の要することであり、大阪に住んでいる私であるから、残念ながら希望はかないそうもない。

昼食休憩を終え、十三時十五分に那智の海の景色に別れを告げてまた山道を進んで行った。これより色川辻と呼ばれる所（林道と出合っている）までの下り道は「亡者《もうじゃ》の出会い」という哀れを催すような名前がついている。人が歩いていると、亡くなった親兄弟や知人が白装束で歩いている姿を見かけると昔から伝えられている。私は田辺市の長尾坂から潮見峠の手前で何かそのような感覚を体験したことがあったが、本日のこの下り坂は全体に明るい感じがしているうえに、林道も近くを通っているということで、「亡者の出会い」とはまったく無縁なものとなった。早朝か夕方で霧が立ちこめているときであれば、そのような思いにとらわれることもあるかもしれないが。

また、同様に気色の悪い話として「ダル」（「ガキ」・「ヒダル神」とも）という山道に行き倒れた亡魂が、この熊野の山中でさまよっているという言い伝えもある。この「ダル」に取り憑かれると動けなくなるようだ。そして、もし、山中で「ダル」にすがりつかれたら米粒一つでも食べたらすぐに治って歩けるようになるという。「ダル」に取り憑かれる所は決まっていて、必ずそこには何かお祀りしてあるらしい。そこで昔、行き倒れた人とか餓死した人とかの霊が「ダル」になるという。熊楠も「ダル」を信じていたようだし、あの歌人の斎藤《さいとう》茂吉《もきち》も「熊野で弁当を食べるときには、三粒ご飯を残しておきなさい。」という言い伝えを信じていたという。

熊野の山中は深いので、食糧を余分に持っていくのがよいという教訓がこめられている話なのであろう。実は私も、今回は雲取越えという難所でもあり、熊野古道のなかで最もハードな歩行が要求されるであろうと、非常食をいちおう持ってきている（中味はビスケット類で、タッパーに詰めている）が、横を林道が並行して通っているので、あまり不安感はない。昔は山中の一本道であったわけで、さぞや寂しい山道であったのだろう。現在「ダル」はどこにいるのだろうか。今も誰かに取り憑こうと虎視眈々《こしたんたん》と狙っているのだろうか。今回私はそのような気配を微塵《みじん》も感じなかったが、古道歩きのなかで、行き会う人とてない場合に、背中にゾクッとするものを感じたときがあって、思わず走ったこともあった。あのとき、私は「ダル」に憑かれていたのだろうか。早春の今日は、それにしても明るい尾根道であった。

「色川辻」で林道に出て、林道を斜めに横切ってすぐにまた右に山に入る。谷間の苔むした石畳の道を行くと、二〇分くらいでまた林道に合流し、林道を渡ってまた下る。そしてまたまた一〇分後に林道に出る。ここから「地蔵茶屋」まで、古道歩きは林道を行くようにとの指示もある。だらだらとした下り坂を行くが、車もまったく来ないので気分よく歩ける。

横に川が流れている。小口川の支流だ。この川は小口で和田川と合流し、赤木川となって熊野川に流れこんでいる。私の本日の宿は、その小口集落にある「小口自然の家」だ。水平距離で行くと、本日の行程の三分の二は来ていることになる。時刻は十四時を回っている。十七時には宿に着けそうだ。が、安心はしておれない。「地蔵茶屋」からが大変なのである。そこからが本格的な山道となるからだ。「小口自然の家」に予約の電話を入れたときに、「ドコモの

地蔵茶屋

携帯持ってますか?」と受付の方が念を押していらっしゃったことを覚えている。林道を歩いていると、もう大丈夫というような心のゆるみが出てきそうになるので、気を引き締めねばと自分に言いきかす。

川の魚影も見ながら林道を二〇分も歩くと、舗装林道の終点の「地蔵茶屋」に十四時二十五分に着いた。ここは、もともと名の示す通りのお茶屋跡で、泉州堺の魚の行商人が寄進した三十三体のお地蔵さんを安置しているお堂がある（うち一体は行方不明だという）。木に囲まれたいい地蔵堂である。西日のあたるここは、今は午後とあって明るい平坦な所となっていて、休憩所も設置されてある。

ここの標高が七〇五メートルで、目指す小口までの「石倉峠」が八〇五メートル、「越前峠」が八七一メートル。いったん「石倉峠」まで上って下り、さらに「越前峠」に上って小口に下る。今後の行程はこのようである。ただし、難関になるのは「越前峠」からの「胴切《どうきり》坂」と呼ばれる下り道。小口の標高は六四メートルなので、八〇〇メートルあまりを一気に下らねばならないのだ。本日の大雲取越えの一番きつい所である。午前中に厳しい所を越えて、午後はゆったりなだらかな道であればよいが、本日はまったくの正反対の道順となる。私は休憩を終えてリュックを担ぎ、お地蔵さんに小口まで無事着けますようにとお願いし、「地蔵茶屋」を出発した。すぐに橋を渡る。渡って川沿いに右岸を進む（左岸を遡っていけば大雲取山への登山道となる）。

茂吉の歌碑もある石倉峠

大きな石畳が出てくる。日陰になっているせいか、それとも通る人が少ないせいなのか、石に苔がびっしりついていて滑らないようにと慎重に上る。二〇分も経たずに「石倉峠」（那智勝浦町と熊野川町の境界にあたる）に立った。ここは峠らしい感じのする峠である。上ってきたときに「あっ、峠だな」と一瞥《いちべつ》してわかった。そして、いかにも峠を思わすものとして、石仏（明治三十四年銘の無縁石仏）が祀られている。苔の付いた石がその古さを物語っている。青い葉のシキミがお供えしてあった。この石仏の横には高さ約1・5メートルくらいの大きな目立つ歌碑がある。「紀伊のくに大雲取の峰ごえに一足ごとにわが汗はおつ」。斎藤茂吉の歌である。

斎藤茂吉には『遍路』という紀行文があるが、それによると、大正十四年（一九二五）八月七日から一泊二日で大雲取から小雲取越えの山旅をしている。宿は小口でとっており、私と同じ行程である。そのとき詠んだのが先ほどの歌だ。『遍路』の文中には次のように出ている。「先達を雇つていよいよ出発したが、この山越えは僕には非常に難儀なものであつた。いにしへの『熊野道』であるから、石が敷いてあるが、今は全く荒廃して雑草が道を埋めてしまつてゐる。T君は平家の盛な時の事を話し、清盛が熊野路からすぐ引返したことなども話して呉《く》れた。僕は一足毎に汗を道におとした。それでも山をのぼりつめて、くだりにならうといふところに腰をおろして弁当を食ひはじめた。」

なお、茂吉は二日間の山越えで二人の遍路（うち一人は、一眼が失明し、残った一眼は「曇った眼」で失明寸前の遍路）に出会っている。そして、紀行文の最後をこのように結んでいる。「この山越えは僕にとつても不思議な旅で、これは全くT君の励ましによつた。然《しか》も偶然二人の遍路に会つて随分と慰安を得た。なぜかといふに僕は昨冬、火難に遭つて以来、全く前途の光明を失つてゐたからである。すなはち当時の僕の感傷主義は、曇つた眼一つで、とぼとぼと深山幽谷を歩む一人の遍路を忘却し難かつたのである。然もそれは近代主義的遍路であつたらうか、僕自身にもよく分からない。」

［注］引用文は歴史的仮名遣いのままで、漢字は新字体で表記し、ルビもつけた。「T君」とは土屋文明のこと。

こうして、大正十四年に茂吉と文明は、雲取越えを行っているが、どのようにして出発点の那智にやってきたのか。このことについては、杉中浩一郎氏の『熊野の民俗と歴史』（清文堂出版刊）に詳しいので引用してみる。「文明は、比叡山での第二回アララギ安居会のあと、斎藤茂吉、武藤善友と共に、高野山、和歌浦を経て海路勝浦に来た。那智から大雲取を越して、小口に一泊、翌日小雲取を越えて本宮大社に参拝し湯峰に宿泊した。それから熊野川を下って新宮に出、勝浦から夜航路で鳥羽の方に向かった。」

古道歩きをしている私は、現在ＪＲ線を利用して南紀を訪れているが、引用文のように、彼らは行き帰りに船を利用している。すなわち、大正十四年当時、まだ鉄道は開通していなかったことになる。ちなみに、大阪方面から田辺までは、昭和七年（一九三二）の十一月、名古屋方面から新宮までは昭和十五年（一九四〇）八月に開通しているので、彼らは船を利用するしか手だてがなかったわけである。そして、紀勢本線の全通はというと何と昭和三十四年（一九五九）七月のことである。

長塚節の歌碑も見える越前峠への上り口

越　前　峠

さて、二〇〇二年の春、茂吉いうところの「いにしへの熊野道」を行く私は、「石倉峠」をあとにして、下りにかかった。十五時二分に標柱が現れた。番号は11番。緊急時は熊野川町役場（０７３５—４４—０３０１）まで通報とのこと。五〇〇メートルの間隔で設置とのことだが、かりに、１番を小口とすれば、あと五キロということになる。うーんけっこう長い距離だ。とにかく番号が小さくなることを楽しみにするしかなさそうだ。

しばらく下ると未舗装の細い林道に出た。右に「地蔵茶屋」から延びているものだ。右にとって上って行くと、数分で分岐となり、左に「越前峠」への道に入る石段があって、小橋を渡る。長塚節《ながつかたかし》の歌碑があった。「虎杖のおどろが下をゆく我のたぎつ速瀬をむすびてのみつ」とある。

［注］「虎杖」はイタドリという植物名。「おどろ」は草木がぼうぼうと茂っている様子。

約二〇分弱で「越前峠」に着いた。時刻は十五時三十三分。小口には十七時頃に着けるかもしれない。冬の二月だと日没時間の関係から不安になるが、今は夕方五時でも明るいので心配はない。「小口自然の家」の人からは、懐中電灯も用意しておくことを念押しされていたが、たぶん使用することはないだろう。だが、下り道であるので、ヒザには十分注意していこうと思う。

「越前峠」からは、かなり道幅のある広い下り道であった。最初のうちはなだらかな下り坂であったが、そのうちに勾配がきつくなりだした。石畳も整然としたものではなく、石がゴロゴロしている感じで歩きづらい。ヒザも痛くなりだしているようだ。足を引きずるようになってしまうとまずいので、私はおそるおそる下った。できるだけ段差の少ない箇所を選んで、人が見たら国会で牛歩戦術で故意に時間稼ぎをしている議員のようではないかと思われるくらいの遅さである。普通の私の速度からいうと、約二倍から三倍の時間をかけている、それほど自分でもじれったく思うほどの歩行であった。無理は禁物であると自分に言いきかす。が、これは自重のようであって、なさけないヒザへの弁解なのかもしれない。

道の左右ともに薄暗い植林帯であった。間伐のために木が倒されているのが目立つが、それが余計に不気味さを醸し出している。あの「ダル」に憑かれているとは思わないが、嫌なムードが漂い始めている。私は足元を見つめて必死に歩いているわけで、その視線を足元からさっと前方に転じたときにドキッとしたことが二度あった。

〝すわっ、クロイヌだ〟とか、〝ええっ、あそこに茶の犬がいてこっちを見つめてる〟とか。しかし、何のことはない。「クロイヌ」は道にはみ出した黒い土くれで、「茶の犬」は草の中に立っている短い丸太ん坊であった。ガサガサッという音が左上からしてきて、これまたビクッとする。視覚・聴覚ともに異様に敏感になっている。

話は杜甫《とほ》の話に時間的・空間的にとぶが、あの「春望」の詩の一句に「別れを恨んでは鳥にも心を驚かす」というのがある。長安で反乱軍に囚われの身であった杜甫。彼は家族との別離の不安な心境をこの詩句に託したのであった。寂しさが高じれば、このように鳥が飛び立つ音にも、はっと胸つかれる杜甫である。私はむろん、彼ほど深刻ではないが、今古道を一人で歩いている者として、少しは通じるところがあるのではないかとも思える。それにしても静寂な道である。

こんな思いにとらえられていた私であったが、ほっと救われたときがあった。それは華やかな色彩の、上（頭）がピンク、下が黄色のこけしのような案内人形に会ったときであった。高さ約一メートルくらいで、麦わら帽をかぶっていた。口が大口で赤く描かれており、あのスナック菓子の「カールおじさん」をイメージしてつくったように思われる。黄色の部分には「胴切坂」と青く描かれており、その横には「ぼちぼちいこう」の文字も見える。この「胴切おじさん」の向きからいっても、たぶんこの言葉は、上りの人へのものであろうが、今は私への忠告とも思えるのであった。

胴切おじさん（？）

苔むした地蔵

この頃からお地蔵さんがぽつんぽつんとお祀りしてあった。この道は日陰の道となっているので、苔がお地蔵さんにも台座にもびっしりとついている。結局正確には覚えていないが、小口に着くまで五、六体のお地蔵さんに出会ったように思う。

十七時ちょうどに休憩所に着いた。水も引いてあって、ひと息いれる。「小口自然の家」まで3キロの表示がある。これだと十八時までかかるかもしれない。私は少し歩くスピードを速めた。右下に小口ではないが、集落が見え始め、やはりほっとする。道は日陰になって薄暗いが、日が当たっている向こうの山が見えるので、これまた安心材料となる。「楠の久保旅館跡」の案内板を見て下っていく。その昔、ここには旅館が十数軒もあったということだ。さらに下ると、これまでの山道でも見かけていたシキミがたくさん生えている。黄白色の花が目立っていて、シキミがあるとすぐわかる。十七時二十九分、道脇に「円座石《わろうだいし》」（円座とは丸い座布団のこと）がでーんとあった。石の上部には三つの梵字が刻まれている。熊野三山の本地仏の阿弥陀・薬師・千手観音を示していて、熊野の神々がこの座布団の大岩に座って茶を飲み、談笑したという。ここは、それぞれの神にとって本宮から新宮から那智からと、集まりやすい場所であったということなのだろう。なるほど地図を見てもほぼ等距離にある。ただ、新宮の神が若干遠いので遅刻なんてこともあったかもしれない。

「円座石」から五分歩くと標柱1番があった。これで「石倉峠」直下から五キロになるが、二時間半も費やしたことになる。時間はかかったが、何とか小口まで下りてきたようだ。十七時三十六分、ついに小口の民家横に出た。そこから一〇分ほど下ると古道入口があって、あの「胴切おじさん」も立っている。「小口自然の家」への矢印もある。入口のそばには小口橋がある。橋を渡って

円座石（三つの梵字も見える）

少し行くと、左折するように矢印があり、そのまま下る。新しくなった県道四四号線の下をくぐると広場に出る（自然の家には県道から入るのがわかりやすい）。玄関には「ようきてくれたの――小口自然の家」とある。

食堂と思われる所がにぎやかだ。バスが玄関脇に駐車してあったので、どうやら団体客らしい。受付の人から先に食事をすませてほしいと言われたので、部屋に案内してもらいすぐに食堂にかけつける。先に風呂に入りたかったが、団体客の接待で忙しそうなので、ちょっと言い出しにくい。私と入れ替わりに大勢の人が食堂から出てこられた。中高年の人ばかりだ。食堂に残っている人たちの話からすると、本宮から小雲取越えでここに来たようで、明日は何と五時起床で、大雲取越えを行くようだ。元気な中高年の人たちであった。このように宿に着いて風呂に入らず十八時すぎに夕食とは、まるで山小屋に来たような感じがした。

十九時前に風呂に入り、やっと部屋でくつろげた。室内の様子はまるで民宿風であるが、何かどこか違うなと部屋に入ったときから違和感を覚えていた。そして布団の上に仰向けに寝てみて、その謎が解けた。そう、天井が異常に高いのである。なぜ天井が高いのか、実はこの自然の家はもと中学校の校舎を改築したものであった。ということで、先ほどの広場はもと校庭であって、今は多目的広場となっている。

私は今晩、もと教室で一泊した。

［注］狩場刑部左衛門

昔、色川郷樫原村（現那智勝浦町樫原）に住んでいた弓の名人。当時、大雲取越えの山中に「ひとつだたら」という怪物がおり、往来する旅人や村人を襲い、金品をかすめ盗っていた。那智の寺社から怪物退治の要請をうけた刑部左衛門は、追跡すること三年ついに「ひとつだたら」に出くわし、退治したという。今も樫原の西の狩場野にある王子権現社は、狩場刑部左衛門を祀っている。（角川書店『日本の伝説39　紀州の伝説』より）

コースタイム

ＪＲ那智駅（50分）尼将軍供養塔（20分）市野々王子神社（25分）大門坂（5分）多富気王子跡（30分）熊野那智大社・青岸渡寺（35分）那智高原休憩所（35分）登立茶屋跡（40分）舟見峠展望休憩所（15分）色川辻（1時間）地蔵茶屋（20分）石倉峠（40分）越前峠（1時間40分）円座石（25分）小口

文学に見える南紀・熊野路⑬

（海上からの那智の滝Ａ）

三島由紀夫『三熊野詣』

宿の番頭が、突然、陸のほうを指さしてこう叫んだ。

「あれ、ごらんなさいませ。妙峯山の右に白い一本の縦線が見えますやろ。あれが那智の滝で、海の上からこうして滝を眺めるところは、日本国中ほかにないそうでございます。よく御覧なさいませ」

なるほど妙峯山の右の黒緑色の山腹に、一ヵ所山肌のあらわれた土の色があって、そこに白木の柱を一本立てたように見えるものがある。よくよく見ると、その白い一線は、かすかにゆらめき、躍り昇っているようにも思われるのだが、それは海上の霞が眺めを陽炎のように歪めて、幻の動きを与えているのかもしれない。

常子の心はときめいた。

あれが那智の滝だとすると、自分たちは、遠い神の秘密を、のぞいてはいけない場所からのぞいてしまったという感じがする。滝はあくまで滝壺のかたわらから仰ぎ見る筈のものであるのに、神はそういう姿勢に馴れて、崇高な形を人々の頭上高く掲げていたのに、ふとした手抜かりから、こんなに愛らしい遠い全貌を、沖の人目に宿してしまったのかもしれない。

それはあたかも、見てはならない神の沐浴《ゆあみ》の姿を、遠くから瞥見してしまったような感興をそそり、常子はきっとあの滝の神こそ処女なのだと考えた。

先生はこんな考えに同意なさるかどうかわからないが、口に出して伺うのも何だから、あとで歌にして御披露しようと思った。「さて、これで宿にかえって、出直して、滝を拝みに行こう。何度見ても那智の滝はいい。あれを拝むと、心が洗われるような気がする。」
藤宮先生は、潮風の消毒効果を信じておられるせいか、このたびはアルコール綿を使わずに乗られた舟の、動揺常ない艫《とも》の座席から、気ぜわしく腰を浮かせて、そう仰言《おっしゃ》った。

◆**三島由紀夫**《みしまゆきお》（一九二五〜一九七〇）
東京都生まれ。七〇年十一月二十五日、『豊饒の海』第四巻「天人五衰」の最終原稿を書き上げ、自衛隊市ヶ谷駐屯地で自決。作品に『仮面の告白』『潮騒』『金閣寺』などがある。

文学に見える南紀・熊野路⑭ （海上からの那智の滝B）

若山牧水『熊野奈智山』

かなりの時間をかけてこの大きな岬（潮岬のことで、同書によれば牧水は和歌の浦から乗船している―筆者注）の端を通り過ぎると、汽船の揺は次第に直って来た。そして程なく串本港に寄り、次いで古座港に寄って勝浦に向った。

船にしていまは夜明けつ小雨降りけぶれる崎の御熊野《みくまの》の見ゆ
日の岬潮岬は過ぎぬれどなほはるけしや志摩の波切《なきり》は
雨雲の四方に垂りつつかき光りとろめる海にわが船は居る

勝浦の港に入る時は雨はなお降っていた。初め不思議に思った位い汽船は速力をゆるめて形の面白い無数の島、若《も》しくは大小の岩の間をすれすれに縫いながら港に入り込んで行った。その島や岩、またはその間に湛た紺碧に潮の深いのに見惚れながら、此処で降りる用意をするのも忘れて甲板に突っ立っていると、ふと心あての方角を其処此処と見廻していると、果たしてそれらしいものが眼に入った。深く閉した雲の下に山腹が点々と表れてその殆ど真中あたりに、まことに白々として見えて居る。奈智の滝である。勝浦の港に入る時には気をつけよ、側で見るより寧ろいいかも知れぬからと、曽《かつ》て他から注意せられて来たその奈智の大滝である。なるほどよく見える。そして思ったよりも山の低いところにその滝は懸っているが、何ということもなく有難いものを見る様な気持ちで、私は雨に濡れながら久しくそれに見入っていた。（牧水は奈智と表記）

◆**若山牧水**《わかやまぼくすい》（一八八五〜一九二八）

宮崎県生まれ。歌人。多く旅や酒に取材し、人生の寂寥や生活者の悲哀などを率直に詠んだ。歌集に『海の声』『別離』などがある。美浜町の日の岬に歌碑がある。

文学に見える南紀・熊野路⑮

吉川英治『伊勢から熊野路』

（新宮）

朝。この日、晴れ。

熊野三山のひとつ、那智へ向う。烏帽子、妙法の山ふところ。タクシーの走る村道や山道に、笈《おい》づるを負った文覚上人の姿をえがいてみる。山村の軒傾いた家々の文化が、八百年を、どれほど変っているだろうか。おそらくは、何ほども変っていまい。

三十分ほどで那智。

杉木立の石だんを降りる。夜来の雨に、ものみなまだ濡れている感じ。朝の陽、杉をとおして、右側の社家の、お札売り場を、明るくしている。水色の袴、白衣の若い神職ひとり、ぼくらと知ってか、待ち顔に、迎えてくれた。そして、ぼくらを導いて、那智の滝を真向いとする奔流の前に立たせ、「ここでは、滝そのものを、御神体としているわけです。自然の美、そのものを、神と観じようとした古人のこころはわかる気がします。原始宗教的だといえばそれまでですが」と、若い神職の説明にはどこかインテリなにおいがある。（略）那智の滝の真下に立つ。

腹に力がはいる。ふわとしていると、持ってゆかれそうな瀑風が気流のように渦まいている。ぼくらの立ったその日の条件もよかったのである。『雨後の空から太陽が滝の薄衣を透して、うしろの巨大な岸壁へ、照明を局射しているように、水沫の光焔を描いているのだった。いや、さらに二条三条の小さい虹が、滝を斜めに、まつ這っている。那智百三十メートルの全姿を、美の女神と見るなら、虹は腰衣から垂れている五彩の紐が風に吹かれているようである。

（略）

石段また石段。もうおしまいかと思うとまた石段だ。杖、いよいよ必需品となる。社殿で、奏楽を見る。可憐な緋の袴の舞童女二人に、楽人三名。かすかに古韻がしのばれる。

隣がすぐ青岸渡寺。あまり廂《ひさし》が接しているために、神社と寺のあいだに、古来から争いがたえないと、誰かが途中で話していた。那智の滝は、神社のだ、いあや寺のだ、という事らしい。家元争いに似たようなものか。ぼくはそこで滝に代って、何か言い残したくなった。けれども、神官も僧も、そんな隣りづきあいの悪い顔もしていなかったので、黙って別れた。だからぼくの胸の中にわいたことばは、帰りのタクシーの窓から風の中へ捨てて帰った。

われは、天楽を好む自然の一童子
社瀑にあらず、寺瀑にもあらず
わが名は、那智の滝なり

よけいなおせっかい。甚だつまらない。しかし、那智の印象は、この国がもっと平和で最も美しかった時代の処女に会ったように、忘れがたい。いろいろな意味で来てよかったと思う。

◆**吉川英治**《よしかわえいじ》（一八九二〜一九六二）

神奈川県生まれ。『鳴門秘帖』『宮本武蔵』『新・平家物語』など、多くの人々に愛読され、国民文学作家と親しまれた。

十　熊野川で水垢離した？私

―昔の人の生活を想う道―

小口《こぐち》から熊野本宮大社へ〔小雲取越え〕

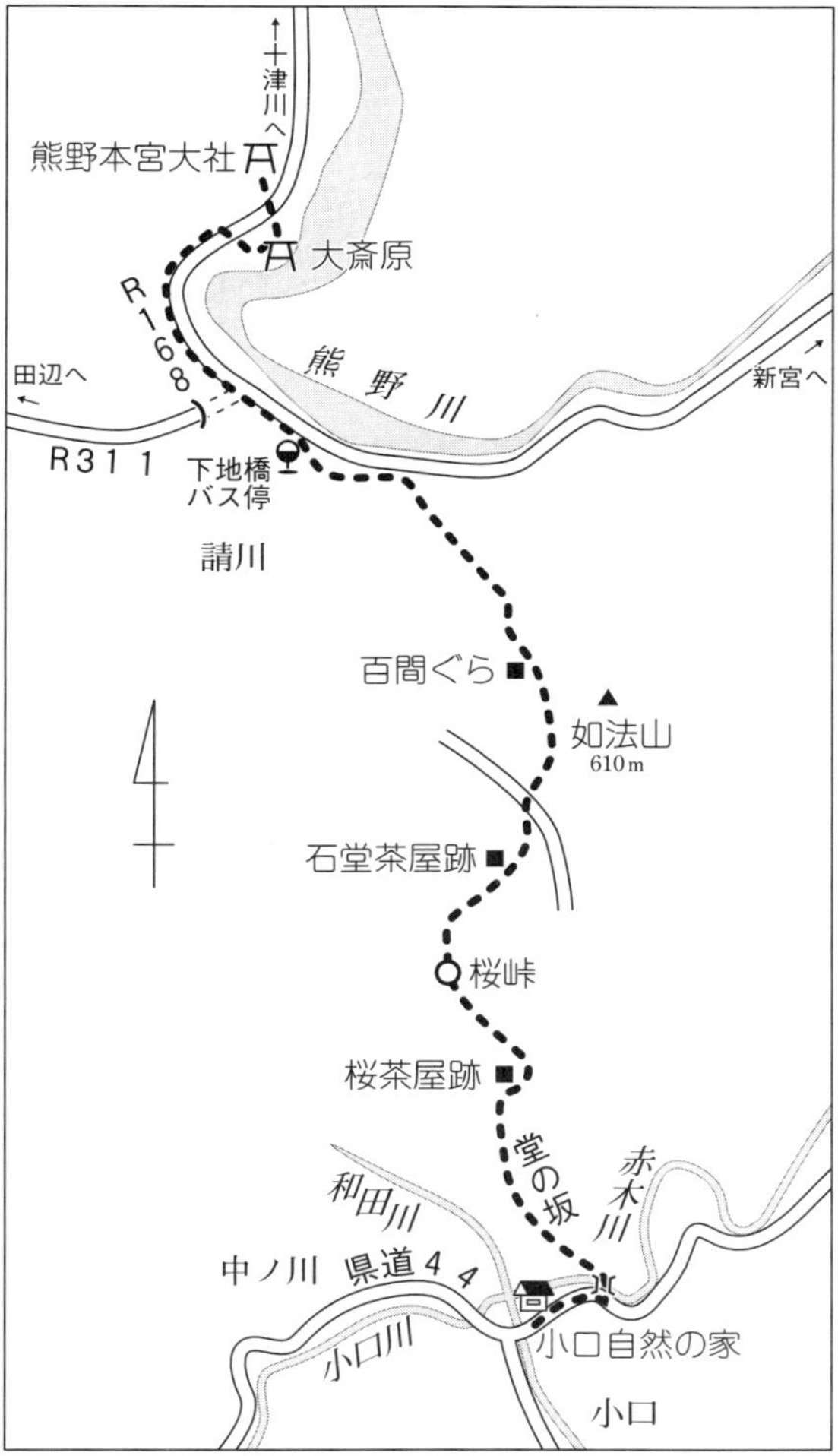

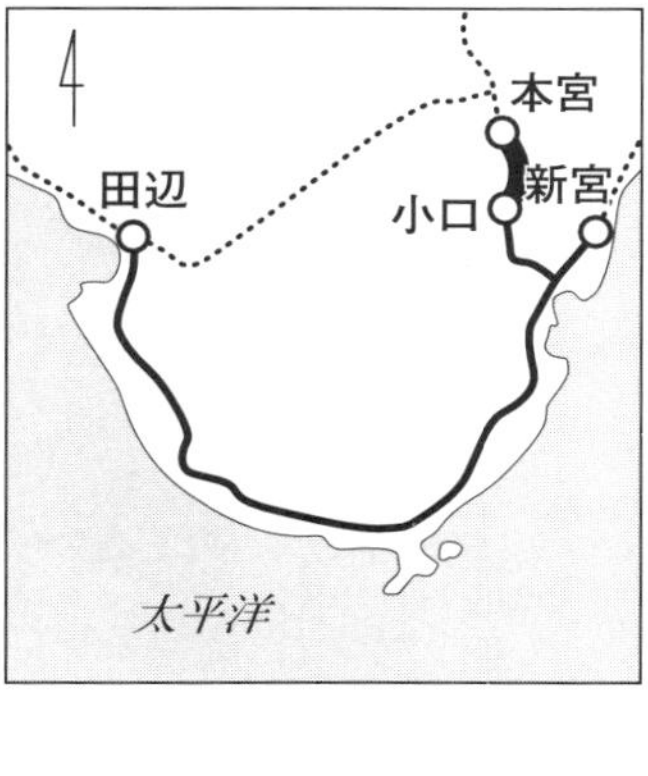

【歩いた日】
二〇〇二年三月十七日（日）
晴れときどき曇り

昨夜の団体客は朝五時半に出発するとか言っていたので、もう今はあの「胴切坂」を汗をかきながら上っている頃だろうか。私は七時五十分に「小口自然の家」を出発した。そばに高倉神社があり、本日の旅の安全を祈願した。県道四四号線に出ると、熊野古道の案内がガードレールに書かれていて、「小雲取８００ｍ先左折」と表示してある。続いて赤木川に架かる第二高倉橋を渡り終えてゆるやかな坂を上っていく。「小口自然の家」を振り返ると、川の中洲にあるのがよく確認できる。高倉神社前の桜のピンクが紅一点という風情である。周りの山々の高い所にはうすい雲がたなびいている。昨日の「舟見峠」あたりからはきれいな雲海が見られのではないかと推測できる。

坂を上りきった所にトンネルが二本ある。左側は新しい小口トンネルで、右側は旧トンネルであってこちらは今閉鎖されている。小口トンネルをくぐると下り坂になり、大きく右にカーブすると険しい切り立った山が現れた。山名はわからないが威圧感のある山だ。ここで赤木川に架かる小和瀬《こわぜ》橋を渡る。鉄製の吊り橋だ。幅は二メートル足らずで、横には新しい橋を建設中だ。

赤木川の水は美しく、さらに川岸には桜が一本川面の方に突き出していて、五分咲きといったところだろうか。絵になる光景なので、錆びた鉄製の手すりといっしょに三枚写真を撮った。渡ってすぐ右に「旧渡し場跡」との立て札があり、ここが渡し場であったようだ。古道はここよりまっすぐに山に向かっている。あの青地に黄色の案内矢印があるので歩きやすい。どんどん家の間の道を上っていくと、25番の標柱が出てきた。さあ、どのあたりで一桁になるのであろうか、本日も距離的にはかなりありそうだ。そんなにも寒く感じないが、吐く息が白いのでびっくりした。やがて「尾切地蔵」の前を通過した。古い石畳の道である。この小雲取越えも昨日同様に「桜茶屋跡」あたりまで石畳が多く見うけられた。

「堂の坂」と呼ばれる上り坂を一歩一歩踏みしめて行く。歴史を感じさせ、古道と呼ぶにふさわしい道だ。時代劇のロケには最適ではないかとさえ思う。ところで、私は田辺から串本・紀伊勝浦と大辺路を通り、那智からこうして歩いてきたが、大辺路歩きのときに見かけた、あのイノシシの荒らした跡がないのにふと気がついた。私が歩いた大辺路で山道のおおかたはイノシシの〝仕事場〟であったと記憶しているが、それにしても昨日から彼らの

小和瀬の吊り橋。向こう岸に桜、右は新橋工事中

〝お仕事〟をついぞ見かけたことがない。これは、やはり通行する人が多いのか、また道の整備で作業の人たちが大勢歩いているからなのか、それとも石畳が多くて彼らの手足では歯が立たないのか、不思議なことである。

道端に句碑「男手に牡丹餅にぎり山祭り」を見ながら行く、このように道がはっきりしているので、いちいち自分の位置を地図でたしかめる必要もなく、迷うことなく歩けるのはとても楽である。落ち着ける山道である。標柱24番を過ぎて目の前が明るくなり、木がまばらになった所に出た。これから尾根道を進むわけだが、左手側には林が続いていて右はハゲている感じがある。そのハゲた所に白い縦長のものが立っているのがぽつぽつと見えている。

近寄ってよく見ると苗木を保護しているものであった。高さ約一メートルくらいでタテ・ヨコともに一〇センチの薄手の発泡スチロールで苗木を囲っている。側面には丸い小さな穴がいくつも開けられている。若芽を食べるというシカたちから木を守っているのであろうか。よくよく目を凝らして見てみるとそんな白い直方体が何本も立っている。桜の若木も育っていて花を咲かせているのもある。もうここは熊野川町域なので、町が植樹、それも桜の植樹をして桜の名所としているのであろうか。そのうえ、ここは場所的にもほんとうにすばらしい所だ。眼下には長井の集落があり、赤木川の流れがよく望める。

写真を撮っている人に出会った。

開口一番、私は「ほんまにここはええとこですね」と声を弾ませて言った。するとその人は、「そうでしょ。眺めがいいでしょ。大雲取よりもこちらのほうが、このように眺め渡すことができて変化があっていいです」と答えられた。この人は久保さんといって、今日は朝三時に自宅のある岸和田を車で出て、何

尾切地蔵

と四時間足らずで着かれたそうだ。ここ長井出身の方で、毎年ここの桜をカメラに収めに来られるという。

私は、「それにしても、古道がよく残ってますよね」と言った。

「祖父からは、たくさんの人が通っていたと聞いてます。チョンマゲの人も祖父は見たそうです。この道を昔の人が通ったというだけで、ロマンがありますよね。この石畳の石もどないやって運んだんやろうと思います。ほんまによう運んでます。こんな大きな石を。その当時の旅てどんなんやったんやろと思い巡らすことが多いです。いくら人がよう通ったといっても、心細かったでしょうな。追い剥《は》ぎの話なんかもよう聞かされました」

さらに、久保さんは続けて、「あの向こうの山に畑らしいとこが見えますね。あそこは水に不便したようです。雨は降るんやけど、そのままさっと流れてしまうようなとこです。それで、何と、トンネルを掘った人がいます。それも一人で。田中信四郎《しんしろう》という人なんですが、山の奥の水源から水を引くために掘ったそうです。どないやって位置とかわかったんでしょうな。人一人がやっと這って進めるような穴を掘り続けて水を引いたようです。当

長井の集落を見下ろす。川の蛇行がよくわかる

然機械などもない時代で、岩を掘るためには斧《おの》を千挺《ちょう》もつぶしたという話です。私も最近そのことを知ったんですが、今もそのトンネルはあるそうです」と驚くべきことを教えてくださった。

「昨日大雲取を越えてきたんですけど、大雲取山はこの方角ですか？」と訊くと、「いや、ちょっと見えにくいんですが、この方です。歩いてきたのは那智大社からですか？」と久保さんから問いかけられた。

「はい、那智の駅からですわ。このところずっと大辺路を歩いてきまして、田辺から新宮まで歩きまして、そして、いま雲取越えというわけです」

「そうですか。がんばって歩いてるんですね。実は私の知人で、バイクや徒歩で熊野古道を巡り、すべての王子を訪ねたという方がいます。やはり熊野古道で出会ったんですけどね、その方とは。そして、自分で本にしておられて、私もいただきました」

「へえー。そうですか、ボクも歩いて回っているんですが、やっぱりいたはるんですね、古道を巡っている人が」

「なんやったら、その人、中野さんというんですが、私が中野さんに電話して、えーっと、お名前は？」

「はい、山村です」

「じゃあ、山村さんから電話があるよと、中野さんにお伝えしておきます」

「そうですか、ありがたいですわ」

ということで、本日、私は古道において「二人の人」と出会ったことになる。

二、三日して中野さんと電話でお話する機会があった。びっくりするようなことがわかった。私がこの古道を歩くについて直接ではなく深層において関係していると思われる、あの西律氏の『熊野古道みちしるべ』に中野さんのお名前が載っていたのであった。なぜ中野さんの名前があるのかというと、中野さんの著書『熊野九十九王子社』（一九八一年刊）の写真を『熊野古道みちしるべ』は転載しているのであった。今から二〇年以上も前にすべての王子の写真を撮っている人など皆無であったろう。熊野古道が世間で話題になる前に、中野さんは古道を巡っておられたわけで、これはもうスゴイとしか言いようがない。私などは世間で騒がれ、ブームが到来してから動き出しているのであるから、解説書・研究書類が出たあとなので気楽なものである。古道歩きの先駆者はここにもいたのであった。

中野さんからは『熊野九十九王子社』のコピーを送っていただいた。このような氏を始めとするさまざまな人々の努力があって、私もこのように古道歩きが楽しめるのであるから、ただただ感謝である。久保さん、中野さんありがとうございました。

久保さんとは、その後、クマが去年も出た話など三〇分くらい話していただろうか、久保さんに別れを告げ、九時五十三分に山道を私は上っていった。十時一分に、また人に会った。今度は若者であった。彼はこれから那智まで行くと言う。「胴切坂」が長く苦しい坂だということをアドバイスする。石畳の道だとも付け加えると、彼はちょっとうんざりという顔をした。ここに来るまでも石畳があったので、やはり石段の上を歩くのは若者といえども辛いのだなあと思った。

しばらく行くと、またまた若者男子の三人連れに出会った。彼らは軽装なので小口までだろう。ちょうど標柱23番のそばであった。熊野古道のなかで雲取越えと並んで人気のコースは、何といっても滝尻から近露を経ての本宮へのコースであろう。滝尻〜本宮コースは、ほとんどの人が滝尻から本宮を目指すわけで、その逆コースをとる人はあまりいない。

しかし、この雲取越えは那智からの北行きコースと本宮からの南行きコースとあり、各人それぞれの好みや交通関係などに応じて二派に分かれている（中世の藤原定家の頃の参詣法でいえば、那智から本宮に向かうのが正式な参詣順路であろうが、現代はどちらから雲取を越えようが差し支えないことだろう）。だから、この雲取越えコースは人と行き違うのがその特色といえるのではないか。これが滝尻〜本宮コースとの大きな違いといえるだろう。私はこの後、十時二十一分に五人のパーティーに、さらに「桜茶屋跡」で一人、計六人の人たちに行き違うことになる。

なお、近世においては、伊勢参宮をすませたのち、続いて西国三十三所観音巡礼を一番札所の「青岸渡寺」から始め、雲取越えで本宮に出て、中辺路の逆コースをたどって二番の紀三井寺に向かったという。したがってこの雲取越えは、熊野詣でと西国巡礼の人々で大いににぎわっていたことは想像に難くない。だから、こうして昔のままの石畳もいたる所で残されているのであろう。

話を現在の古道にもどそう。道に大きな岩がいくつも重なっている岩場に来たとき、長塚節の歌碑があった。「かがなべて待つらむ母に真熊野の羊歯《しだ》の穂長を箸にきるかも」（ルビ筆者）。続いて標柱21番横では杉浦勝の「小雲取のぼり来れば枯萱に光和みて山つたふ風」がある。杉浦勝は、土屋文明に師事し、アララギの会員でもあった。地元小口出身の人で熊野川町役場にも勤務経験があり、遺歌集として『大雲取小雲取』がある。この歌集の命名は文明でもあった。

桜茶屋跡

桜茶屋跡への道

しばらく行くと、やがて石垣が現れたかと思うと、十時五十分に「桜茶屋跡」に着いた。ここには休憩所が設けられていて、どっこいしょと腰をおろす。目の前の東側は開けていて下の集落まで見える。すこぶる見晴らしのいい所である。さぞや多くの旅人がここで一服したことであろう。昔、茶屋があった頃は、下から旅の人たちが上り始めたのをここから見て、それからもてなす準備にとりかかったという。また庭先にはかつて山桜があったという。その庭の名残であろうか、ナンテンが何本もあるのが見える。

十一時二分に「桜茶屋跡」を出発した。十六分には赤木バス停への下り道を右に見た。「桜峠」は十一時二十二分に通過した。標柱19番があった。なだらかな尾根道で気分よく歩ける。右下には舗装されたわりあいと道幅のある林道が見える。道の両側ともに植林帯ではなく、雑木林で明るい感じの道となる。周囲の自然と調和して石仏がぽつんとあって、そのさりげない存在がよりいっそう古道の雰囲気を漂わせている。

賽の河原地蔵

標柱16番を過ぎて林業用の道を横切ったかと思うと、杉木立のなかの「石堂茶屋跡」に十二時一分前に着いた。ここにも休憩所が設置してあり、嶋正央の「歩まねば供養ならずと亡き母がのたまひてゐし雲取り来ぬ」の歌碑がある。もう昼食どきであるが久保さんによると、「百間《ひゃっけん》ぐら」では大パノラマが展開するそうなので、とりあえずそこまで行ってから昼食をとることにする。

十二時六分、「賽《さい》の河原地蔵」に着いた。お地蔵さんの下には旅人がしたのであろう、たくさんの石が積まれている。武蔵の国川越《かわごえ》の若い僧がここでオオカミに襲われ絶命し、人々は哀れんで石を積んだといわれる。現代ではそのニホンオオカミも絶滅しており、僧の悲劇ははるか遠い昔の出来事となってしまっているが、このお地蔵さんは、今でも旅人の安全を守ってくれているのであろう。

道は徐々に下りとなって、右下には林道が見え始める。目の前が開けて山が見えた。木々が緑でなく、茶色に変色しているようである。この山が杉花粉を身にまとった「如法《にょほう》山」であった。地図によると、古道は「如法山」の

百間ぐらまでもう少し

左の山腹を巻いて行くことになる。やがて林道に合流した。ここには非常電話が設置されてあり、場所は「石堂分岐」とある。そして、ちょうどここが熊野川町と本宮町の境界となる。林道を横切って、ほぼ等高線に沿うように行くと、青空を背景に小さな石仏らしきものが見えてきた。横には案内の角柱も立っている。どうやらここが「百間ぐら」のようだ。

「百間ぐら」に着いてまず驚いたのは、このお地蔵さんと山並みの取り合わせの風景である。私は自宅の居間にパネルを飾っているが、まぎれもなくあのパネルの写真だ。そのパネルというのは、JR新宮駅に貼ってあったもので、私は掲示期間が終われば頂戴できないかと、駅に予約しておいた。約一ヶ月後に連絡があり、譲り受けることができた。早速表具屋さんに頼んでパネルにしてもらったのだ。

南紀熊野21協議会主催の〈熊野古道ウォーク「はるかな小雲取越、いやしへの道」〉と題した古道歩きの宣伝ポスターであった。ちなみに実施日は「平成13年4月22日（日曜日）」、コースは「本宮町請川《うけがわ》から熊野川町小口まで約13㎞（所要時間4、5時間）」となっている。したがって本日の私とは逆コースである。そのポスターを見て「いったいここはどこなのかなあ」といつも心にひっかかっていたが、これでスッキリした。写真はこの「百間ぐら」の地蔵さんと、はるかかなたに広がる「果無《はてなし》山脈」であった。

実はこの写真については、合成写真か、またはお地蔵さんをどこからかわざわざ運んできて、山並みを背景に撮られたものではないかとも思え、私は何らかの手が加えられたものだろうとひそかに疑っていたのであった。あまりにもいい場所にお地蔵さんがいらっしゃるからである。古道歩きのなかで、このようないわば崖っぷちにお地蔵さんがお祀りしてあるのはめずらしいように思う。まるで山頂に祀ってあるかのようである。

さて、私にはするべきことがあった。食事である。もう十二時三十分を過ぎている。私は「小口自然の家」でつくってもらったおにぎりを取り出した。五つ入っていたが、うち二つは高菜《たかな》で包んである「めはり寿司」と呼ばれるものであった。感じのよい弁当だったので、形だけであるが、お地蔵さんにお供えしてから食べることにした。ついでにお供えしたところを写真に撮った。

山並みを見ながらの弁当はまた格別においしかった。携帯電話で思わず家に電話をしてしまった。報告内容は、もちろんパネル写真と「めはり寿司」のことである。パネル写真の場所からの〝実況中継〟であった。それにしてもここはよく見渡せる。あの奥の方の、あのとんがった三角形は「石地力《いしじりき》山」であろう。一年前に「伏拝《ふしおがみ》王子跡」付近で眺めた山であった。この「百間ぐら」、お地蔵さんから一、二メートル向こうは切り立った崖となっているため大パノラマを体感できる。「百間」は高さをいうのであろうし、「ぐら（くら）」は漢字で「嵓」と書いて意味は、岩石のこと。大台ヶ原にも「大蛇嵓《だいじゃぐら》」という恐ろしく切り立った断崖絶壁があるので、「百間ぐら」とは、高さ二、三百メートルの岩の絶壁を指すのであろう。私は、お地蔵さんに、無事本宮まで着けますようにと祈願して、そこを辞した（公的機関発行の雲取越えの案内書では「ぐら」と平仮名になっているので、本書でも「ぐら」と表記した）。

「百間ぐら」出発は十二時五十四分。私は「百間ぐら」からは、ちょっと怖くて真下を覗かなかったが、こうして歩いていても左側は木は生えてはいるもののかなり急峻であり、「百間ぐら」の絶壁の具合は推し量ることができる。標柱10番を通過した。いよいよ次は一桁となる。標柱9番は十三時九分に通過した。ここは「万才《ばんぜ》峠越」への分岐ともなっている（この道、峠付近には「一遍《いっぺん》上人名号碑」があり、「南無阿弥陀仏」の六字名号が刻まれており、峠を越えると志古に至る）。

「百間ぐら」から請川に下りる道は、全体になだらかな坂となっており、私はヒザを気にすることなく歩くことができ、標柱のいくつかはあっという間に通り過ぎていった。そして、十三時二十分には「松畑茶屋（宿）跡」を通過した。石垣が寂しげに残っているだけであった。

十四時五分前、熊野川を眼下に望む所に出た。川の上流の右に回り込んだあたりが本宮であろうか、それにしても水量が少なく、そのうえ川幅が広いときているので、何やら砂漠の中を流れるワジと呼ばれる涸《か》れ川のようでもある。そこから一〇分ほどで集落のなかに入った。案内矢印に従って行くと、十四時十分に小雲取越えの入口にあたる「下地橋バス停」に着いた。ここに標柱1番が立っていた。このあたりが請川である。

先ほどのポスター「熊野古道ウォーク」の請川から小口に至るコースは、ハイキングコースとしてもいい道だと思う。最初の「百間ぐら」までの上りがゆるやかなのがいい。徐々に体をならすことができる。大雲取越えに比べて、距離的・時間的にも適当である。さらに、自然林の多い尾根道であり、全体的に明るいといえる。そして何よりも、小雲取越えは変化に富んでいて見晴らしもいい。一般向けには小雲取、健脚向けには大雲取ということになるだろうか。

熊野川が眼下に見える

まあ、こうして国道一六八号線に無事出ることができ、私の雲取越えは終了した。

さあ、ここからは熊野川沿いの国道を歩いて「熊野本宮大社」に向けて出発だ。車の行き交う道路を行くのは久しぶりのような気がする。今回の一般道歩きは、「補陀洛山寺」から牧野々の古道入口までの間だけであったからだろう。いちおう歩道はあるが、ここも熊野古道ということなので、もう少し歩道に幅があればと思われる。国道三一一号線との三叉路にも横断歩道がなくて危険である。整備等を本宮町にお願いしたい（国道ということで、管轄は国になるだろうか）。

もっと早く請川に着いていたら、「大日越え」も考えていたのであるが、どうもそれは無理なようだ。バスは、一年前に乗るのに大失敗をやらかしたあの、明光バスの古道特急バスで白浜に出るのがいいだろう。現在、時刻は十四時半すぎ。これから本宮まで二〇分くらいかかるだろう。本宮前発車が十五時五十三分ということで、ざっと見積って一時間も残されている。「大日越え」で「湯峰《ゆのみね》」に行けないことはないかもしれないが、バス乗車前にドタバタと慌てるのもよくない。ということで、今回はとりあえず「熊野本宮大社」にお礼参りして、大辺路・雲取越えを無事に終えることができたのをゆっくりと報告することにした。

十四時四十八分、「大斎原《おおゆのはら》」の鳥居をくぐった。橋を渡り、中洲に行く。サクラはまだ蕾のようで、何輪か咲いているのを見かけた（後でお参りした「熊野本宮大社」のしだれ桜は七分咲きであったが）。私は先ほど国道べりで買ったスポーツドリンクを飲もうと河原に出た。人影はなく、ただ白い河原が広がっていた。私はリュックを下ろして、非常食を取り出して口に入れた。この二日間で一番ほっとできた時を感じた。

ほんとうは、大日越えで湯峰温泉につかりたかったなあ、残念だったなあ、と空を見上げて思った。と、ここでひらめいたものがあった。目の前は熊野川だ。この水で少しでも汗を流そう。このさわやかな夕方、乾くのも早いだろう。われながらグッドアイディア。よし、ということで、川べりに行き、頭に水をかけ、濡れたタオルで体を拭いた。

そして気づいた。これって、水垢離じゃないかと。そうだ、古道歩きをして初めてじゃないか。思えばこれが最初の水垢離であった。水垢離して「本宮大社」にお参りする、これは礼としても失することではない。よおーし、これからお参りだ。「本宮大社」に行こう。

私は、大社にお参りをすませ、前回同様「もうで餅」をお土産とし、バス停に行った。発車まであと一〇分ほどあった。前回大チョンボをしているので、若干不安でもあったが、とにかくバス停で時刻表を見ても間違いなかった。たぶん古道歩きを終えた人であろう五人が、リュックを背負って待っていた。バスは五分前にやってきて、そばの「山村開発センター」で待機しているようである。五人はバスが素通りして行ってしまったので何となく心配そうな様子である。そこで、私は「ああ、あのバスはあそこで待機してますので、もうじきここに来ますよ」と言うと、安心されたようであった。続けて私は「JRバスより、こっちの特急バス、速いですよ」と言うと、皆「ふーん」と一様に頷かれた。いかにも古道歩きの先輩のように振る舞ったので、かえって自分が落ち着けた。

熊野古道特急バス（明光バス）に乗り込む人たち

バスは定刻に発車した。バスは近露の「なかへち美術館」前の駐車場でいったん休憩をとった以外、特急の名に恥じることなく、すいすいと国道三一一号線を走っている。

いろいろな思い出の場所が次から次へと窓外を後ろに走り去っていく。窓を開けると気持ちのいい風が入ってきた。早春の今日、私は一つの旅を終えた。

コースタイム

小口（25分）小和瀬の渡し場跡（1時間20分）桜茶屋跡（1時間）石堂茶屋（30分）百間ぐら（30分）松畑茶屋跡（1時間）下地橋バス停（40分）大斎原・熊野本宮大社

蟻さんの砂糖船（四艘目）「カラス丸」の巻

八咫烏《やたがらす》の謎

①　八咫烏がサッカーワールドカップに出場？

サッカーのワールドカップが、二〇〇二年に日韓共催で開かれた。大健闘の日本代表チームのユニホームには、よく見ると、二本足ではなく三本足の鳥のマークがあった。この鳥マークは日本サッカー協会が一九三一年に図案化したものだが、三本足の鳥といえば、熊野では神の使いとされる霊鳥、すなわち「熊野牛王神符《くまのごおうしんぷ》」に描かれている八咫烏である。日本サッカー生みの親である中村覚之助氏（一八七七〜一九〇六）が那智勝浦町出身であることによるという。二〇〇二年夏、熊野のシンボルの八咫烏が、サッカー日本代表とともに世界に羽ばたいたといえるだろう。

②　中村覚之助氏と八咫烏（那智勝浦町ホームページを改変）

【中村覚之助氏の略歴】

日本サッカー協会シンボルマーク

明治　十一年（一八七八）五月　和歌山県那智町（現那智勝浦町）浜ノ宮で生まれる。

三十二年（一八九九）三月　和歌山師範学校卒業し、四月に宇久井江東小学校の教師となる。

三十三年（一九〇〇）四月　東京高等師範学校入学。

三十五年（一九〇二）四月　『アッソシェーション・フットボール』を翻訳。

三十八年（一九〇五）　清国山東省済南師範学校にて教鞭をとる。

三十九年（一九〇六）七月　逝去（二十九歳）

日本におけるサッカーの起源は明治六年といわれているが、このころのサッカーはラグビーフットボールと未分化の状態で、明治二十九年に、東京高等師範学校に運動会組織ができ、フットボール部が誕生した（日本で最初に紹介されたサッカーはフットボールと呼ばれていた）。明治三十五年には、坪井教授が海外視察から帰国し、当時のフットボール部役員の中村覚之助氏が坪井教授の持ち帰った米国の『アッソシェーション・フットボール』を翻訳してア式蹴球部を創設した。これが日本のア式フットボール（現在のサッカー）の始まりである。そして全国に広がって行き、大正十年（一九二一）に大日本蹴球協会（日本サッカー協会の前身）を設立したのも東京高等師範学校関係者が中心となっている。昭和六年（一九三一）に図案化した日本サッカー協会のシンボルマークの三本足の鳥の発案者は、当時の東京高等師範学校の内野台嶺教授を中心とする人たちで、内野教授は明治三十九年頃の蹴球部員であった。中村氏の訃報を聞き悲しんだ一人である。なお、中村氏の生家は那智勝浦町の浜ノ宮であり、家は神社の氏子を務めるほどであったので、当然中村氏が「八咫烏」の存在を知っていることは容易に推測できる。

③　八咫烏と熊野の関係はいつ始まったか？

神武天皇が熊野から大和に入るときに、高天原《たかまがはら》から派遣され、道案内をしたのが八咫烏であると『古事記』『日本書紀』に記されている。この記紀における八咫烏がどんな鳥であったかについては諸説あり、紀では頭八咫烏と表記してあることによって、本居宣長は八頭（やあたま）烏として、頭がたくさんある烏としている。ほかには、巨大な烏という説もある。したがって記紀では八咫烏が三本足の烏と書かれていないので、いつからか三本足のイメージになっていったのだろう。なお、烏を神の使いとするのは、伊勢神宮をはじめ、多くの神社にみられることであり、「八咫烏神社」については、熊野では速玉大社内にあるが、奈良の榛原町（七〇二年に創建されたという）や橿原市にも存在してる。さらに、八咫烏の伝承をもつ神社も数多く、八咫烏信仰は全国的なものといえる。

熊野速玉大社内の八咫烏神社

④ 中国の伝説の「金烏《きんう》」と八咫烏

金烏とは太陽の異名であり、中国では太陽の中に、三本足の烏が棲むと伝えられてきた。日本でも、法隆寺の「玉虫厨子《たまむしのずし》」の台座の須弥山《しゅみせん》図の右上に月（中にウサギとカエル）、左上に太陽が描かれ、中に三本足の烏がいる。このような図柄は神護寺などの仏教美術にもみられるが、天皇の礼服にも確認できる。熊野では、東光寺の薬師如来の厨子の扉に描かれている日光菩薩像に三本足の烏が登場しているが、これはこの地方において最古の三本足の烏の絵とされている。南方熊楠は『人柱の話』の中で、烏が太陽と結びついた理由として、太陽にある黒点と烏の黒が似ていること、烏が太陽のように定まって暁を告げるからだとしている。

※おもに萩原法子氏の『熊野の太陽信仰』（戎光祥出版）をもとにまとめた。

⑤ 熊野牛王神符《ごおうしんぷ》

俗に「オカラスさん」とも呼ばれ、また「熊野牛王宝印」ともいう。宝印とは朱色の炎のかたちの印のことである。本宮大社の説明書には次のようにある。

「……当社の熊野牛王は、烏文字を木版で手刷りのもので、当社のお烏さんの数八十八羽で、古く天武朝白鳳十一年始めて熊野僧徒牛王宝印奉ると記せられている。（東牟婁郡誌）時代が降るに伴いこの神符も色々な方面に用いられ、鎌倉時代には「誓約書」ともなり、江戸時代には「起請文《きしょうもん》」の代りとして用いられた。熊野権現への制約を破ると熊野大神の使である烏が一羽亡くなり、本人も血を吐き地獄におちると信じられてきたのである。……」

（ルビは筆者）

烏の数は、「那智大社」のは七十二羽、「速玉大社」のは四十八羽と神社によって異なっている。那智大社では、本宮と同様に、今も手刷りであるが、正月二日の未明に、八咫烏帽をかぶった権宮司が那智の滝本にある秘所で秘事作法の後、牛王宝印を刷るのに使う清水を汲み上げ、その清水によって墨をすり、牛王宝印が一枚一枚ていねいに刷り上げられ、宝印が押されるそうだ。なお、「牛王」については、速玉大社の説明書によると、牛胆から得た牛黄《ごおう》という霊薬を密教で加持祈祷に用い、これを印色として使ったからではないかと推測している。

八咫烏を描いた熊野本宮大社の幟《のぼり》

十一　クマノバチではなくクマバチに「すいません」と謝った私

―熊野本宮大社近くの道―　〈赤木越え・大日越え〉

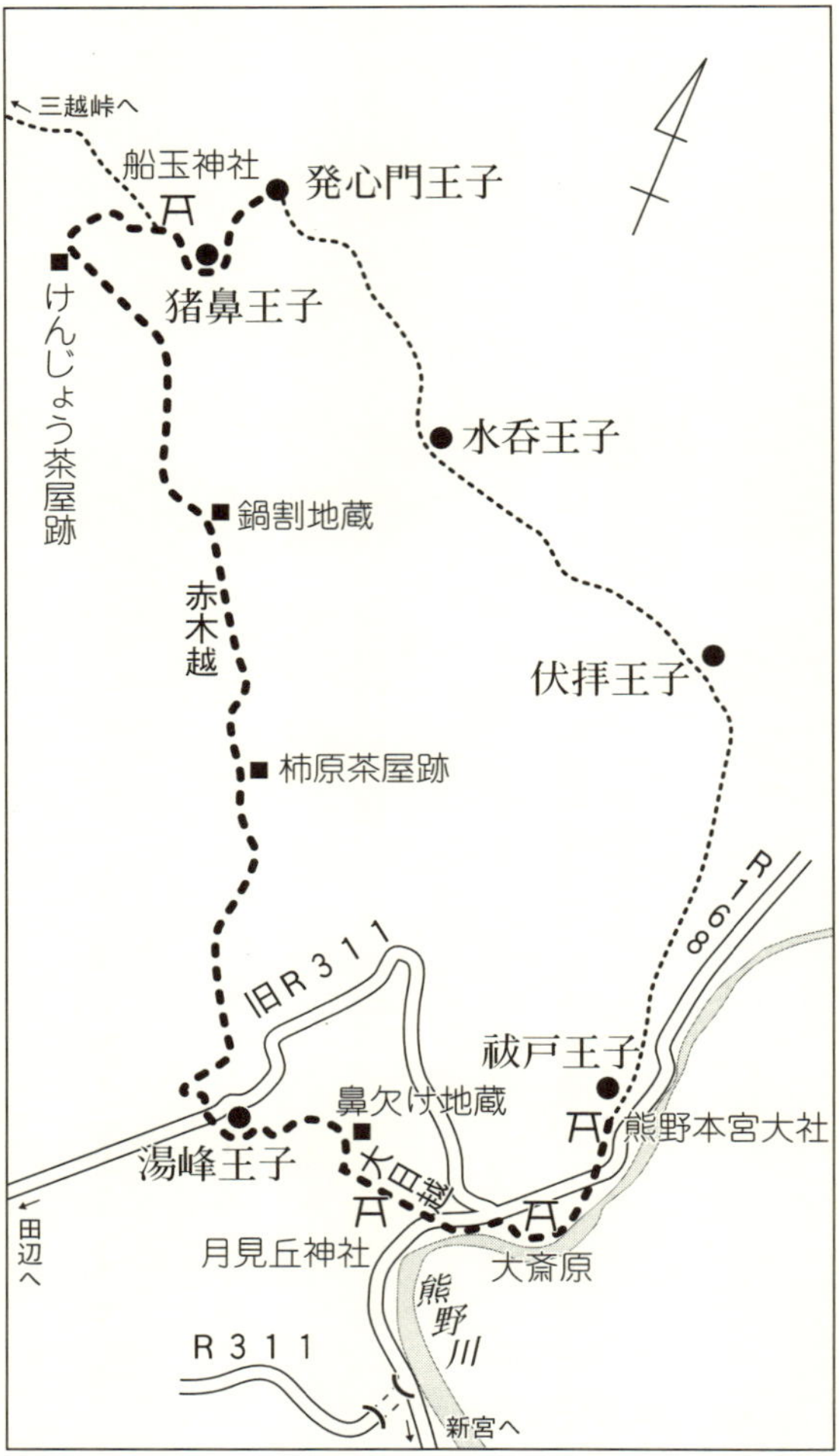

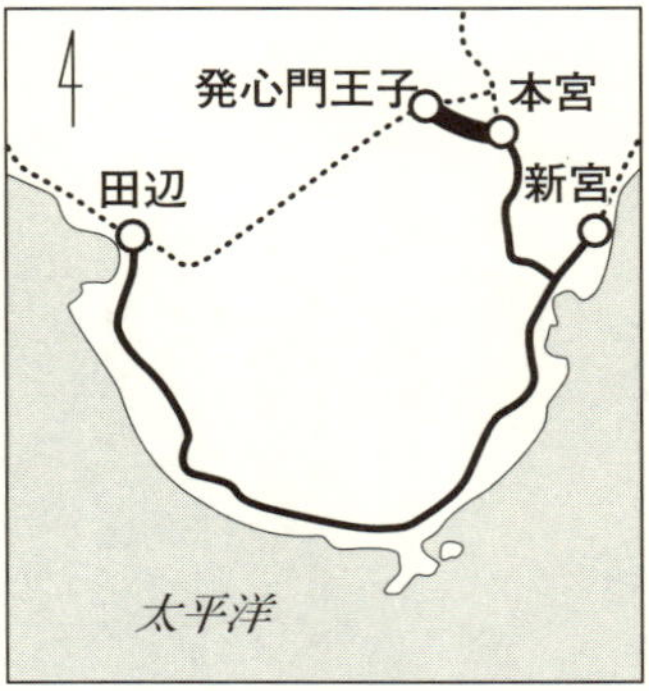

【歩いた日】

二〇〇二年四月二十日（土）　**曇り**

本日の予定は、赤木越え・大日越えをすませて、さらに新宮市内の「高野坂」出入口から「熊野速玉大社」まで歩くということであった。少し欲張りすぎかもしれないが、二日間もかけるのは時間的にもったいないので思いきって一日のハードスケジュールにした。この一日の行動により、「湯峰《ゆのみね》王子」と「浜王子（浜王子神社）」の二王子を訪ねることができる。そして、「九十九王子」もすべて巡ったことになる。一つの区切りである（なお、日高町比井に「比井王子」、同町小中に「小中王子」、同町志賀に「志賀王子」があり、美浜町吉原には「松原王子」があって、この王子四社はいずれ巡るつもりでいる)。

さて、今回は自家用車利用の古道歩きとした。本宮まで行くのに、JRとバスを乗り継いで行っても一番早くて十一時前着となる。そうなると時間的には赤木・大日越えを終えて帰途につかねばならない。とても新宮までは無理である。その点、車だと早朝に着くことは可能で、新宮市内も歩くことができる。帰りの運転が心配だが、歩く距離はいつもより少ないのでまあ大丈夫だろう。小雲取越えの山中で久保さんに出会い、四時間足らずで熊野に到達可能だということを聞いていたのがきっかけとなって、今回の車利用となった。

発心門王子社そばのシャクナゲ

自宅を出たのが午前三時すぎ。御坊まで有料道路で行き、続いて国道四二号線に入ったが、車はすいすいと駆け抜けていった。稲葉根トンネル手前で国道三一一号線に入り、道の駅「中辺路牛馬童子ふれあいパーキング」に五時半頃に到着した。ここから本宮大社前までは約三〇分くらい。少し仮眠することにする。

結局、大社前に着いたのが、午前七時五分であった。さっそくタクシーを呼ぶことにする。車は大社前に駐車しておき、「発心門王子社」までタクシーで行って、赤木・大日越えを経てここに戻ってこようと考えたからだ。が、あいにくと朝早すぎたのか、タクシーはまだ営業していないらしく、しかたがないので「発心門王子社」まで車で乗りつけることにする。

国道一六八号線を北に走り、道の駅「奥熊野古道本宮」を過ぎて左に山側に入り、集落のなかを上る。途中にNHK朝の連続ドラマ「ほんまもん」のロケ地とかの表示があり、それらを目当てに訪れる人もいるのだろう。「発心門王子社」には七時三十分頃に着いた。新しくつくられたバス停があるので見てみると、「べんりバス」とあり、土・日に運行とのことである。古道を歩く人のために設置された町営のバスで、車を本宮大社前に置いて、ここまでバスで来れば、発心門～伏拝～本宮大社と歩くにはたしかにべんりである。時刻表には、昼の便が本宮大社前を十二時五十八分とあるので、そのバスを利用してここに戻ってきてもいいかもしれない。タクシー代も節約できそうだ。

「発心門王子社」発は七時四十二分だった。「熊野道　発心門王子」の案内板のそばのシャクナゲが満開を迎えていた。新緑のなかのきれいなピンクだった。鳥居をくぐり、狭い山道を下っていく。すぐに林道と合流し、「猪《いの》鼻《はな》王子」への矢印を左に見ながらそのまま林道を行く。「船玉《ふなたま》神社」前を通り、八時ちょうどに赤木越えへの分岐に着いた。ここは二〇〇一年の二月に通過した所である。私がひたすら本宮を目指し、少々焦りながら歩いていた所である。

機械音が聞こえてくる。もう山では作業が始まっているようだ。私は「湯峰（赤木越え）」と書かれた案内板に従って、左に小橋を渡って山中に入っていった。植林帯の急坂を二〇分ほど上って行くと、平坦な所に出て、分岐となる。左の尾根道をとる。案内板など見あたらないが、このあたりが「けんじょう茶屋跡」のようだ。標柱2番を通過したのが八時三十一分（1番の標柱は見落としていた）。樹林が途切れた所からは山々が望めるが、山の上部は霧につつまれている。昼から雨が降ってきそうだ。雑木の稜線を歩く。気持ちよく速いペースで歩ける静かないい道だ。アカマツの林もある。標柱4番付近は見晴らしのいい所だ。ヤマモモの木がたくさんある。

八時五十七分に「鍋破《なべわり》地蔵」に着いた。自然石を主とした祠の中に丸顔のお地蔵さんがいらっしゃった。道標としても目立つし、休憩するにもいい所だ。そして、ここより道は下りとなる。両脇は自然林となって、枯れ葉の敷かれた道を行くと、開けた斜面に出たが道には柵がしてある。植林後の若木をシカから守るためのもののようだ。人が入れるように出入口がつくられており、私は通過後きちんと閉めてから前進した。左手下には集落が見えている。「水呑《みずのみ》王子跡」付近の集落のようだ。

そのままゆっくりと下っていくと平坦な感じになって、右手にトタン屋根の祠があった。「お大師さま」と書かれた板が倒れていた。続いてすぐに目の前に「柿原茶屋（宿）跡」が現れた。今まで見てきた「茶屋跡」というと、たいていが石垣程度しか残っていなかったが、ここではまだ廃屋のような感じで建物があった。ほんの十年前まで人が住んでいたようにも思われる。ここはさまざまな方向からの道の合流点になっていて、本宮までの下り道もある。この赤木越えは近世に利用された道であるが、さぞやこの「柿原茶屋」は人々でにぎわったことであろう。まだ家の形を残す茶屋の裏手に回って「湯峰」方面へと進む（茶屋に向かって左手の道は本宮への道となるので要注意）。

さらにまた下っていくと、そこだけ妙に木が切り倒されている所が出てきた。白い四角柱があって、黒字で「四等三角点」と書かれている。見ると、地面には三角点を示す石標がある。最近新しく設置されたようだ。ＮＨＫの

鍋破地蔵

柿原茶屋跡への道

柿原茶屋跡、右湯峰、左本宮となる

「中高年の登山学」の講師の岩崎元郎さんがよくやるように、私もこの三角点にぽんぽんと手を触れようとしたときだった。クマバチが寄るなさわるなとばかりに羽音を大きくブーンと鳴らせてやってきたので、彼の怒りを察して、そこからすぐに退散した。

右手が開けている所に出た。南の方には特徴的な山容の妙法山もかすんでいる。山々が一八〇度で見渡せる。こうして山並みを眺めていると、緑を基調としたさまざまな色彩があることに驚かされる。深緑のなかにもこもこと萌葱《もえぎ》色があるかと思えば、山吹色がぽつりぽつりと鮮やかだ。薄い緑色もなかなかいい。青葉・若葉の候というと、一面同じ緑と思われがちだが、こうしてじっくりとその色合いを楽しんでいると、紅葉の候にも劣らず素晴らしい。これも単純林ではなく、樹種豊かな熊野の山ならではのことと思える。そして、足元などではヤマツツジのピンクが咲いていたりと春には春の装いがある。私は山の〝笑う〟風景を堪能しながら下っていった。

「柿原茶屋跡」から三〇分くらいで石標を通過した。「ユミ子　か平」と刻まれ、さらに湯峰方面を右手人差し指で示している図も刻まれている。私は私風に「指さしの道標」と名付けたいと思う。ここは左手斜面は植林のためであろうか木は伐採されて明るくなっている。これから下っていく道も尾根を伝っているのがよくわかる。向かいの山裾には舗装された林道も見えている。「湯峰」も近いようだ。

私が道標地点から一歩踏み出したときだった。たくましい戦闘ヘリコプター一機が地上一メートルあたりでブーン、ブーンとやっている。またまたクマバチだ。どうも自分の縄張り荒らしと私は見られているようだ。襲いかかってくる様子はないが、侵入者への威嚇《いかく》といったところだろう。私はそそくさと立ち去った。

指さしの道標

が、ほんの数メートル行くと、また一機現れた。そうして道の前方を目を凝らして見てみると、いるわいるわ、ほんとうに数メートルごとに戦闘ヘリが確認できた。彼らは編隊を組んで急襲することはなさそうであるが、私にとってやっかいなことには違いなかった。日陰の道ではヘリの音を聞かなかったので、どうもヘリは明るい日差しのなかを好んでいるようだった。結局、日なたの道が一〇〇メートルあまり続いたのであった。逃げるとかえって追いかけてくる気もしたので、おそるおそる静かに下っていくしかなかった。多数のヘリと遭遇した熊野古道となった。

湯峰王子社の鳥居

湯峰温泉、左につぼ湯

尾根道より右に日陰の道に入ったが、風化した石畳が所どころ残っていた。どんどん植林帯を下っていく。左に巡礼者の墓であろうか、シダに囲まれて一基あった。下に民家が見えてきた。急坂を滑らないように気をつけて下りていくと、旅館なども見えてきて、十時十六分に赤木越えの「湯峰」からの入口に着いた。そばには「一遍上人の磨崖名号碑」があった。

道路は湯峰温泉の真ん中を通っていてゆるい下りとなっているので、ずーっと温泉街が続いているのがわかる。ほんの少し下ると川の中に「つぼ湯」の小屋が見えた。小栗判官《おぐりはんがん》蘇生の湯として知られている。岩に掘られた湯舟は狭くて順番待ちの人たちがいた。私は、熊野古道の青色の案内矢印に従って川を渡って、「湯峰王子社」を目指した。

温泉旅館街より一段高くなった小山の頂きに「王子社」が祀られていた。木製の鳥居が朱色もほどよい具合に色あせている。社殿はこじんまりとしたものであるが、王子社としての場所は抜群によい。サクラの時季は終わり、ヤマツツジが満開のときを迎えていた。私は「湯の峰に今日はあるなり花盛」の高浜虚子の句碑前でおにぎりを一つ食べた。十時三十分ちょうどに王子を辞した。これからは大日山（三六九メートル）の北側を行く大日越えとなる。赤木越えを終えた参詣の人々は、この湯峰で湯垢離をとって本宮に向かったというが、ここからの山越えにはさぞや汗を流したことと想像される。私は本宮への最後の上り坂に挑戦した。

予想以上に上り坂はきつく、約三〇分で「鼻欠地蔵《はなかけ》」前を通過した。ここからはしばらく行って下りとなる。お地蔵さんからすぐの所に、本宮まで約一キロとの表示があった。左手梢越しに大斎原の杜も望むことができる。

巨木に囲まれた薄暗く寂しさ漂う「月見丘神社」に着いた。桧が根元から十数メートルくらいの高さまで表皮がはがれている。おそらく桧皮葺《ひわだぶ》きに利用されたのであろう。樹皮がなくなり、赤茶色となった幹は痛々しい感じもするが、全体的に暗い雰囲気のなか、明るさをもたらしてくれているようだ。

左に巨岩を見ながら階段状の道を下る。下には熊野川も見えてはいるがなかなか近づかない。けっこうきつい坂だ。私は、この前の「胴切坂」で難儀した経験もあったので、今回は、両ヒザにサポーターをしている。これからもアップダウンの道を歩く場合には使用しようと思う。

やがて、石段が出てきてそれの終わる頃、民家の間を行く道になった。家の前で作業をしておられるご婦人がいらっしゃって「こんにちは」と声をかけた。私が赤木越えでここまで来たことを知るとびっくりされた。おおかたの人は湯峰から本宮への古道歩きを楽しんでいるのだろう。赤木越えをする者はめずらしいのかもしれない。

その人とは一〇分くらい話をした。二年前から故郷であるここに移り住んだとのことだ。それまでは、私の住む大阪狭山市の近くの松原市におられたという。今でも松原に行くことはあるが、道路になれていらっしゃるご主人は、何と、三時間で行けるそうだ。私が「ほんまに、ここは景色ええですよね。熊野川も広くて」と言うと、「景色は、もう最高。見飽きることがないんです。ただ、荷物を持ってこの坂を上るのがちょっとつらいです」と笑顔で答えられた。

国道一六八号線に出て、本宮町役場に行った。この町役場は和風のイメージでつくられている近代建築である。役場入口への階段の両側には幟《のぼり》が二種類並んでいた。一つは「高野　熊野　世界遺産」、他は「ほんまもんのまち　本宮」である。私は、どなたか日直の方でもおられたら観光案内の資料でもいただこうかと思っていた。幸いにお一人いらっしゃったが、とくに目新しいものはなかった。「べんりバス」の発車までまだあと一時間弱あったので、「熊野本宮大社」にお参りした。

月見丘神社から本宮大社への下り坂

どこかで昼食をと思うが、そのいい場所がない。困ったなあと思いつつ、結局大社内ではよくないので、あの山村開発センターの隅で三〇分間くらい休憩がてら昼食をとった。「べんりバス」は十二時五十八分、定刻通りに大社前にやってきた。運転手さんが「発心門のひとー」と声を車窓からかけている（バス停は明光バス等と同様の場所）。乗客は、私以外にご夫婦連れだけであった。このご夫婦は「発心門王子社」から「熊野本宮大社」へ歩く計画で、車は山村開発センターに置いてあるとのことだった（バスのことや、車の置き場所は事前に本宮町役場に問い合わせておられた）。

「発心門王子社」を車で十三時二十分に出発した。国道に出てから新宮に向かって急いだ。空はかなり黒くなっている。途中、瀞峡《どろきょう》見物のジェット船の出る志古《しこ》を通過した。しばらく行くと国道は大きく左折するが、そのあたりに「小口自然の家」の案内板が見えた。熊野詣での人々は「熊野本宮大社」にお参りをすませ、続いて熊野川を川下りして、「熊野速玉大社」に参詣したという。私はいまその川を左に見ながら新宮を目指して車を走らせていた。「雨よ降らないでくれ」と祈りながら。

［注］この後の新宮市内歩きは第八章の〔付録〕別ルート解説にある。

コースタイム

発心門王子社（20分）船玉神社（30分）けんじょう茶屋跡（40分）鍋破地蔵（30分）柿原茶屋跡（1時間）湯峰王子社（30分）鼻欠地蔵（20分）月見丘神社（30分）熊野本宮大社

蟻さんおすすめ

古道歩きのお宿

（おもに大辺路）

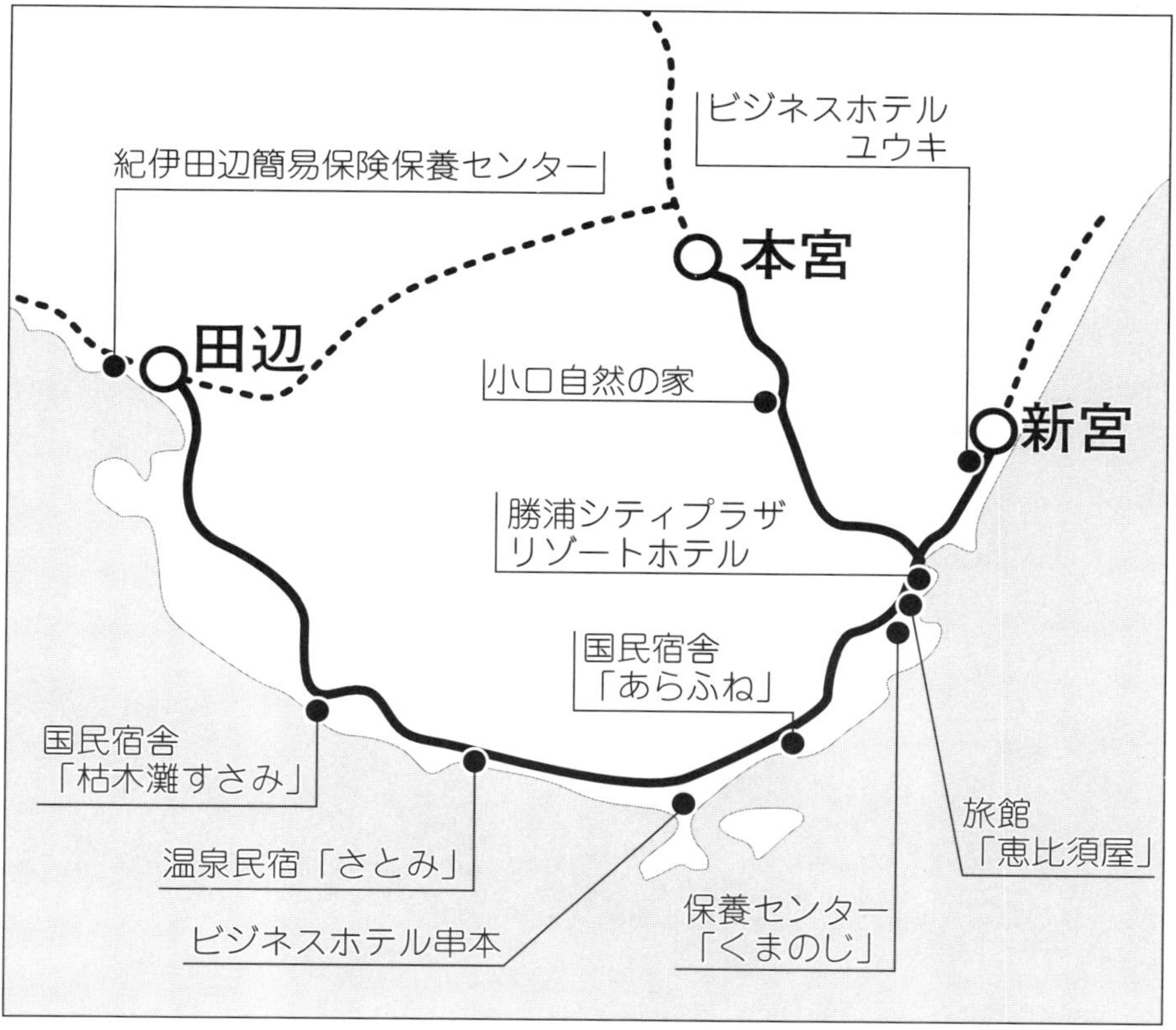

・料金等のデータは2003年１月現在のもの

田辺

「紀伊田辺簡易保険保養センター」

田辺市目良

（JR紀伊田辺駅からバス一〇分）

☎ 〇七三九―二四―二九〇〇

メモ

◎芳養王子跡と出立王子跡の間に位置し、古道（国道四二号線）より右折し、元島の対岸にあり

・温泉展望大浴場（露天風呂も）

・駐車場あり

・一泊二食　八、六〇〇円より

宿よりのPR

ナショナルトラスト運動の天神崎まで徒歩一五分。全室オーシャンビュー。

周参見

国民宿舎「枯木灘すさみ」

西牟婁郡すさみ町周参見
（ＪＲ周参見駅から徒歩七分）

☎ 〇七三九―五五―三二二五

メモ

◎周参見港に面し、稲積島のそば古道（国道四二号線）より港方面にすぐ

・温泉大浴場

・駐車場あり

・一泊二食　六、九五〇円より

宿よりのＰＲ

豊かな自然を、たっぷり用意しました。

江住
温泉民宿「さとみ」

西牟婁郡すさみ町江住
（JR江住駅から徒歩五分）

☎ 〇七三九—五八—〇八一〇

メモ

◎古道（国道）が目の前
・温泉浴場
・駐車場あり
・一泊二食
八、五〇〇円より

宿よりのPR

枯木灘産の天然で新鮮な魚貝類。

串本
「ビジネスホテル串本」

西牟婁郡串本町

〈本館〉串本役場前
☎ 〇七三五—二—五七九二

〈駅前店〉JR串本駅前
☎ 〇七三五—二—六八五〇

メモ

◎夜おそく串本駅についても便利
・駐車場あり
・一泊
S六、〇〇〇円
T一〇、〇〇〇円
（税・サ込）

宿よりのPR

天然温泉付き。

田原　国民宿舎「あらふね」

東牟婁郡古座町田原
（ＪＲ田原駅から徒歩一〇分）

☎〇七三五―七四―〇一二四

メモ

◎古道（国道）からすぐ、古座町営
・目の前が砂浜で、水着のままで海水浴に行ける
・温泉大浴場
・駐車場あり　・海霧撮影場所に近い
・一泊二食　六、四七〇円より
・新しい建物、平成十一年に全面改装

宿よりのＰＲ

各室から眺望のすばらしさに歓声が聞こえ、海鮮料理に舌つづみ。

与根子池付近

国民年金健康保養センター「くまのじ」

東牟婁郡那智勝浦町市屋

（JR紀伊勝浦駅からバス一〇分）

☎ 〇七三五―五二―三五三五

メモ

◎古道からグリンピア南紀方面にとる

・展望温泉大浴場

・駐車場あり

・一泊二食

六、四〇〇〇円より

宿よりのPR

美しい自然に囲まれ、澄んだ海が広がる。

湯川

観光旅館「恵比須屋」

東牟婁郡那智勝浦町湯川

（JR紀伊勝浦駅からバス一〇分）

☎ 〇七三五―五二―〇三一八

メモ

◎古道からすぐ

佐藤春夫歌碑付近

・温泉浴場

・駐車場あり

・一泊二食

六、五〇〇〇円より

宿よりのPR

趣ゆたかな温泉地で心づくしのおもてなし。

勝浦

「勝浦シティプラザリゾートホテル」

東牟婁郡那智勝浦町朝日
（JR紀伊勝浦駅から徒歩一分）

☎ 〇七三五五―二―六六〇〇

メモ

◎古道は勝浦駅西の山を行く
・温泉大浴場もあり
・駐車場あり
・一泊
S六、四五〇円
T一一、八五〇円
（税・サ込）
・レストランあり

宿よりのPR

とっておきの快適タイムをどうぞ。

（紀伊勝浦駅より撮影）

新宮

「ビジネスホテルユウキ」

新宮市緑ヶ丘
（JR新宮駅から徒歩七分）

☎ 〇七三五―二二―八五八八

メモ

◎神倉神社すぐ
・東牟婁総合庁舎隣
・駐車場あり
・一泊
S五、七〇〇〇円
T一一、〇〇〇〇円
（税・サ込）
・喫茶あり（朝食可）
・夕食は一階に数店

宿よりのPR

シティ感覚あふれるホテル。

〔雲取越えコース〕

小口

「小口自然の家」

東牟婁郡熊野川町上長井

（ＪＲ新宮駅からバス六〇分、車四〇分）

☎ 〇七三五―四五―二四三四

メモ

◎大雲取越えと小雲取越えの中間地点にあたる

・学校の校舎を改築した宿泊施設

・キャンプ村も近くにあり

・駐車場あり

・一泊二食　七、〇〇〇円より

・弁当には「めはり寿司」も入っている

宿よりのＰＲ

忙しい人ほどここへ来てください。自然が待ってくれています。

右の鳥居は高倉神社

一～十一章の本文作成、特に「新大辺路四十八選」においては、以下の本を参考にした。

（「熊野古道関連案内」の図書以外を掲載。著者敬称略。）

≪おもな参考文献及び資料≫

『和歌山県の歴史』安藤精一（山川出版社）
『郷土資料事典30和歌山県』（人文社）
『紀伊国図会』
『紀伊続風土記』仁井田好古編著（天保十年成立）
『西熊野の神々』
（和歌山県神社庁田辺市西牟婁郡支部編）
『新宮市・東牟婁郡　神社の栞』
（和歌山県神社庁東支部・和歌山県神社総代会東新支部編）
『大和紀伊寺院神社大事典』（平凡社）
『日本の神々第六巻』谷川健一編（白水社）
『別冊太陽　熊野―異界への旅』（平凡社）
『熊野の太陽信仰と三本足の烏』萩原法子
（戎光祥出版）
『熊野権現』和田萃編（筑摩書房）
『熊野大社』篠原四郎（学生社）
『森の語り部』宇江敏勝（新宿書房）
『ものがたり日本列島に生きた人たち7伝承と文学下』
（岩波書店）
『文学と史蹟の旅路　奈良・大和路・近畿南部』
（學燈社）
『日本の伝説39紀州の伝説』（角川書店）
『いい碑旅だち』（和歌山県文化振興課）
各市町村観光パンフレット及びホームページ
各市町村刊行の市町村史（誌）
（田辺市・白浜町・日置川町・すさみ町・串本町・那智勝浦町・新宮市）

熊野古道関連案内－おもに大辺路・雲取越え－（著者敬称略）

① 古道歩きのガイドブック

『熊野古道を歩く』（山と渓谷社）
『熊野古道』海部要三・多賀子（蟷螂舎）
『熊野古道・大辺地』芝村勉（機関紙宣伝センター出版）
＊歴史地理の解説書でもある。この本では大辺地と表記
『高野・熊野ウォークガイド』和歌山県世界遺産登録推進協議会
『熊野回廊』槇野尚一（京都書院）
『くまの九十九王子をゆく』西口勇（燃焼社）

②「王子」・「熊野」・「史蹟」研究関係

『熊野古道Ⅰ・Ⅱ・Ⅲ』上方史蹟散策の会（向陽書房）
『和歌山県の歴史散歩』和歌山県高等学校社会科研究協会（山川出版）

③ その他熊野古道関係

『熊野まんだら街道』神坂次郎（新潮文庫）
『大辺路調査報告書』東・西牟婁振興局製作・発行
（一般書として刊行されていない）
＊ウォーキング時に役立つガイドマップ『大辺路』が、南紀熊野21協議会より刊行された。問い合わせ先は、西牟婁振興局（☎0739－22－1200）、東牟婁振興局（☎0735－21－9655）の地域行政課など
＊書店として、新宮市の「荒尾成文堂」（☎0735－22－2364）が品揃え豊富

各問い合わせ先

① 資料館・図書館関係

- 田辺市歴史民俗資料館（田辺市下屋敷町）☎ 0739（25）0501
- 熊野那智大社宝物殿（那智勝浦町那智山）☎ 07355（5）0321
- 熊野速玉大社神宝館（新宮市新宮）☎ 0735（22）2533
- 田辺市立図書館（田辺市上屋敷町）☎ 0739（22）0697
- 新宮市立図書館（新宮市井の沢）☎ 0735（22）2284.

② インターネット関係

- 南紀熊野21協議会（南紀の市町村関係の情報もあり）
  http://www.aikis.or.jp/~kumano21/index.html
- 南紀情報
  http://www.webnanki.jp/　http://www.wakayama-nanki.jp/
  http://www.kumanogenki.com/index.html

③ 交通機関

- ＪＲ紀伊田辺駅 ☎0739（22）9982
- 龍神バス（田辺）☎0739（22）2100
- ＪＲバス（田辺）☎0739（22）0594
- 明光バス（白浜）☎0739（42）3005
- ＪＲ串本駅 ☎0739（22）9982
- ＪＲ紀伊勝浦駅 ☎0735（52）0062
- ＪＲ新宮駅 ☎0735（21）5234
- 熊野交通バス（本社）☎0735（22）5101

あとがき

現在、高野・熊野を中心としてユネスコ「世界遺産」への登録運動が行われている。和歌山県世界遺産登録推進委員会などでは「紀伊山地の霊場と参詣道」と目標を掲げ活動中である。登録を計画している地域には三重県・奈良県が含まれるが、そのほとんどを和歌山県内で占めている。登録予定資産とすれば、高野山、高野山町石道、熊野三山、吉野・大峯、大峰奥駈道そして熊野古道があげられる。

熊野古道の中で、世界遺産に登録予定のものはというと、中辺路・小辺路・伊勢路となっていた。が、このほど大辺路の一部（富田坂・仏坂・長井坂）も予定資産に入り、私とすれば、遺産登録推進運動のために大辺路を歩いたわけではないが、この場で報告できるのはこのうえない幸せである。この『蟻さんの熊野紀行Ⅱ』でもしばしば登場していただいている上野さんらにとっては、その運動が奏功したということできっと喜んでいらっしゃることだろう。やりましたネ。

したがって、「蟻さん」ががんばって歩いた今回の「新大辺路」において、おおよそ見老津から那智までが予定資産からはずれたことになる。浦神峠・市屋峠などがもれたのは残念であるが、国道歩きの箇所も多かったのでやむを得ないかもしれない。なお、新宮市の「高野坂」や「雲取越え」はむろん中辺路ということでもあり、予定資産の中に数えられている。

去る二〇〇二年十二月六日、文化庁は遺産登録候補がいくつかあるなか、「紀伊山地の霊場と参詣道」を日本から世界遺産（文化遺産）としてユネスコに推薦することを決めた。そして二〇〇四年六月頃に開かれる世界遺産委員会で登録されるかどうかが決まるということだ。

こうなれば「蟻さん」としても高野山と熊野を結ぶ小辺路も、何とかそれまでに歩きたいものである。さらに伊勢路にも挑戦したい。世界遺産登録が「蟻さん」に夢を与えてくれている。これも不思議な運命といえるかもしれない。『蟻さんの熊野紀行Ⅲ』も現在進行中である。あの報恩寺の「蘇鉄」、母が水やりなど面倒をみてくれているが、昨夏ぐんとのびた。順調のようだ。今後も古道歩きは「日々是好日」でありたいと願う。

なお、古道歩きに際しては、上野さんや榎本さんをはじめ地元の方々には、いろいろとご教示いただき、この場を借りてお礼を申し上げたい。また、本書の発行にあたっては、前書の『蟻さんの熊野紀行Ⅰ紀伊路・中辺路を行く』と同様、「新ハイキング関西」代表の村田智俊氏、並びに「ナカニシヤ出版」の中西健夫氏には今回も多大なお世話になった。励ましもいただき、心より感謝申し上げたい。

二〇〇三年五月

山村　茂樹

著者紹介

山村　茂樹（やまむら　しげき）

1950年　大阪府に生まれる

● 「日本野鳥の会」会員　「しれとこ100平方メートル運動・トラスト」参加

「新ハイキング関西」会員

● 著書に『蟻さんの熊野紀行Ⅰ　紀伊路・中辺路を行く（堺～本宮編）』

現住所　〒589－0004　大阪狭山市東池尻3－2541－2

蟻さんの熊野紀行Ⅱ　新 大辺路を行く（田辺～串本～新宮・雲取越え編）

2003年7月1日　初版第1刷発行　　定価はカバーに表示してあります

著　者　山　村　茂　樹©

編集者　村　田　智　俊

発行者　中　西　健　夫

発行所　株式会社ナカニシヤ出版

〒606－8316

京都市左京区吉田二本松町2番地

電　話　075－751－1211

ＦＡＸ　075－751－2665

URL　http://www.nakanishiya.co.jp/

Email　iihon-ippai@nakanishiya.co.jp

振替口座　01030－0－13128番

落丁・乱丁本はお取り替えします　　Printed in Japan

印刷・製本／太洋社　　ISBN4－88848－789－8　C0026